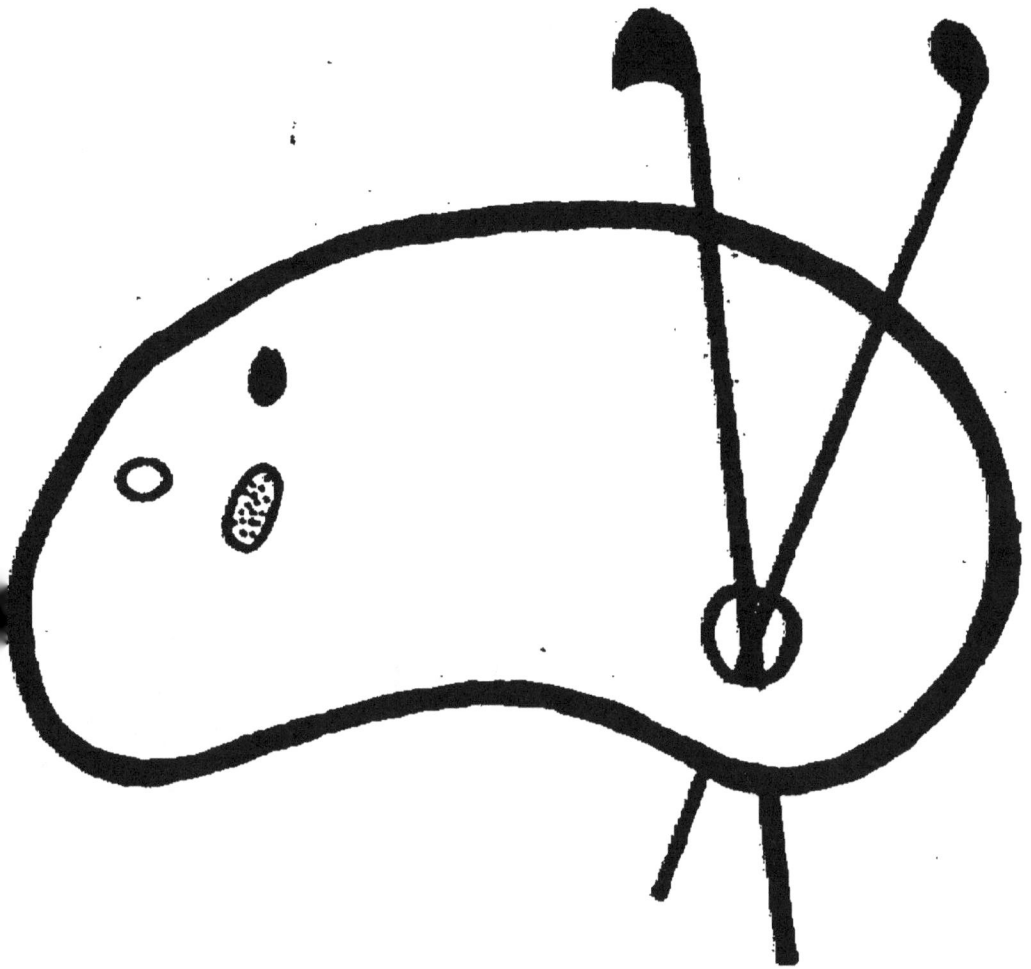

COUVERTURE SUPERIEURE ET INFERIEURE
EN COULEUR

JULES SESTIER

Avocat à la Cour d'appel de Paris

Bibliothèque Historique du Dauphiné

LE

Tramway Grenoble - Chapareillan

ET LA

VALLÉE DU GRAISIVAUDAN

Rive droite de l'Isère

GRENOBLE

Xavier DREVET, éditeur

Imprimeur-Libraire de l'Académie

14, rue Lafayette, 14

Succursale à Uriage-les-Bains

Prix : 2 francs

LIBRAIRIE XAVIER DREVET

LIBRAIRIE DE L'UNIVERSITÉ ET DE L'ACADÉMIE. — FONDÉE EN 1785
14, rue Lafayette, 14, GRENOBLE
Succursale à Uriage-les-Bains
Bureaux du Journal LE DAUPHINÉ

BIBLIOTHÈQUE LITTÉRAIRE DU DAUPHINÉ

Nouvelles et Légendes Dauphinoises, par
Mme *Louise Drevet*, membre de la Société des Gens de Lettres de
France, Officier de l'Instruction publique, () I.

Le Petit-Fils de Bayard (3e édition, *avec illustrations*)....	3 »
Aventure de Mandrin (3e *édition, avec illustrations*)......	1 50
La Malanot. — Jérôme le Têtu. — Le Gant Rose, etc.....	3 50
Le Saut du Moine (2e *édition, avec illustrations*)........	1 50
Le Saule. — L'Incendiaire. — Philis de la Charce.......	3 50
Le Secret de la Lhauda................................	3 50
Les Trois Pucelles (2e *édition*).....................	» »
Colombe. — La Ville Morte des Alpes...................	» »
De Briançon à Grenoble en diligence (sur pap. Hollande).	1 25
Le Château Enchanté (2e *édition, avec illustrations*)......	» »
Dauphiné Bon-Cœur (H^{re} de Vaucanson) (2e *édition*).......	» »
La Chanteuse de Valence (Une Étoile Filante)...........	2 50
La Perle du Trièves...........................	3 50
Les Diamants Noirs (*nouv. édition, avec couv. illustrée*)...	3 50
Philis de la Charce et l'Invasion du Dauphiné, 4e *édition* (*avec couverture illustrée*)................	3 »
Le Violonaire. — La Sandrine, drame dans le Vercors. — Les Lavandières du Mont-Aiguille................	3 »
La Semaine de Jean Coliquard (*avec illustrations*)......	0 60
Une Patriote : Philis et l'Invasion (*avec illustrations*).....	2 »
Le Prince-Dauphin et la Belle Vienne. Un Geste de Charlemagne. Le Songe du Prince-Évêque de Grenoble.....	0 75
Isérette (2e *édition, avec couverture illustrée*)...........	3 50
Bobila, 1814 ! (*avec 9 dessins et couverture illustrée*).....	1 »
Le Dogue de Lesdiguières (*avec dessins et couvert. illustrée*)	2 »
Anne Quatre-Sous (*avec dessins et couverture illustrée*)...	1 50
Les Bessonnes du Manilier (*nouvelle édition*)... id...	3 50
La Guette de Saint-Maurice de Vienne (*avec illustrations*).	1 50
Promenades en Dauphiné..............................	1 50
Héros sans gloire ! (Bobila. — Le Dogue. — Anne Quatre-Sous) (*avec de nombreuses illustrations*)...............	3 50
La Dernière Dauphine, Béatrix de Hongrie (*illustré*).......	3 50
En Mateysine. Les Filleules de M. de Mailles (*illustré*)....	1 50
Les Légendes de Paladru (*avec illustrations*)...........	1 50
Le Porteballe de l'Oisans (2e *édition, avec illustrations*)...	2 50
Les Funérailles de la Dauphine (*avec illustrations*).......	0 50
La Maison des Îles du Drac (Le Dauphiné en 1815-16) 2 vol., *avec nombreuses illustrations historiques*.......	6 »
Tu seras Roi ! (Le Dauphiné en 1788. Bernadotte à Grenoble), *avec nombreuses illustrations historiques*......	» »

LE

TRAMWAY GRENOBLE-CHAPAREILLAN

ET LA

Vallée du Graisivaudan

Publication du Journal *LE DAUPHINÉ*

Fondateur : Mme Louise DREVET, O. I. ‡

Membre de la Société des Gens de Lettres

Directeur : Xavier DREVET

Jules SESTIER
Avocat à la Cour d'appel de Paris

Bibliothèque Historique du Dauphiné

LE

Tramway Grenoble - Chapareillan

ET LA

VALLÉE DU GRAISIVAUDAN

Rive droite de l'Isère

GRENOBLE
Xavier DREVET, éditeur
Imprimeur-Libraire de l'Académie
14, rue Lafayette, 14
Succursale à Uriage-les-Bains

LE TRAMWAY

DE

GRENOBLE A CHAPAREILLAN

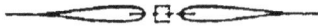

L'ÉTABLISSEMENT du chemin de fer sur la rive gauche de l'Isère, ligne de Grenoble à Chambéry, dessert mal, à cause de son éloignement, les populations de la rive droite, entre Grenoble et Chapareillan. Aussi, dès qu'il a été question de tramways sur route, dont des concessions nombreuses étaient données dans diverses régions de la France, a-t-on songé, dans le pays, à provoquer la construction d'une voie ferrée de ce genre. Mais pour cela, il fallait obtenir préalablement la rectification de la route nationale n° 90, qui présentait, entre la ville et la commune de Meylan, des rampes trop fortes pour être franchies par les locomotives à vapeur.

Les communes intéressées et les particuliers prirent une généreuse initiative et réalisèrent par souscriptions une somme supérieure à 80,000 fr. Et dire que partout ailleurs on distribuait des concessions de chemins de fer et de tramways avec garantie d'intérêt! Enfin, grâce à la subvention de la ville de Grenoble pour le pont de l'Ile-Verte, l'Etat s'engagea à contribuer à la rectification de sa route nationale. Le département demanda la concession du tramway qu'il rétrocéda, le 19 novembre 1895, à MM. Claret et Thouvard, entrepreneurs, qui s'engagèrent à construire et à exploiter une ligne de tramway à traction mécanique entre Grenoble et Chapareillan, sans subvention ni garantie d'intérêt. L'utilité publique a été décrétée le 2 décembre 1895, et, après les longues formalités d'études et d'enquêtes du projet, le Tribunal civil de Grenoble a prononcé, le 16 février 1898, l'expropriation des immeubles nécessaires à la construction du tramway au profit de la Compagnie anonyme du tramway de Grenoble à Chapareillan, substituée, ainsi qu'il en avait été convenu, à MM. Claret et Thouvard. Le jury d'expropriation consacra une longue session pour fixer les indemnités, en juin 1898, et les travaux commencèrent aussitôt après.

Voici ce que j'écrivais, dès 1895, dans le journal *Le Dauphiné* (27 janvier et 10 février 1895), au sujet du tramway :

« C'est avec impatience que la population agricole de la rive droite de l'Isère, de Grenoble à Chapareillan, attend le résultat de l'enquête administrative ouverte sur le projet du tramway destiné à la desservir.

« Durement éprouvée depuis bien des années, surchargée d'impôts d'autant plus lourds que les produits

du sol envahi par le phylloxéra sont devenus plus
rares, cette population autrefois si joyeuse, si heu-
reuse de vivre, a diminué dans chaque village d'une
façon anormale. Partout on y sent l'inquiétude et la
gêne, il est temps que les pouvoirs publics se décident
enfin à agir. C'est leur devoir. »

Coup d'œil sur la rive droite de l'Isère.

QUEL admirable pays que celui qui s'étend de Grenoble à la Savoie, surtout sur la rive droite de l'Isère, si bien exposée au soleil levant et garantie à la fois de la violence des froids du nord et de l'ardeur des feux du couchant par les grandes roches du massif de la Chartreuse. Que de jolis villages, que de belles habitations le long de la route nationale, et plus haut, quelles communes pittoresques que celles de Saint-Pancrasse, de Saint-Hilaire, de Saint-Bernard, de Sainte-Marie-du-Mont, autant de belvédères incomparables pour jouir sans peine d'un panorama des Alpes qui s'étend depuis les confins de la Suisse jusqu'à ceux de la Provence. Ces communes, desservies actuellement par de bons chemins vicinaux, ont commencé déjà à recevoir, dans ces dernières années, des touristes et même quelques pensionnaires enchantés d'y passer les mois de chaleur et de vacances dans des sites tout à fait privilégiés sous le rapport de l'air, de l'eau et de la vue. Sans doute quand le tramway si désiré amènera un courant de voyageurs à quelques centaines de mètres plus bas, nos braves montagnards devront, de leur côté, faire quelque chose pour engager les visiteurs à gravir les lacets de leurs chemins. Ils ont du bon vin, du beurre exquis, des volailles, des pommes de terre sans rivales, des œufs frais, quelquefois du gibier; il ne leur manque que des lits propres. Ils les achèteront et feront une très bonne affaire.

Le tramway est appelé aussi à rendre bien d'autres services, à créer même une situation nouvelle et à opérer une sorte de transformation dans ce beau pays. Nous croyons qu'il est bon de présenter, à ce sujet, quelques considérations qui, nous n'en doutons pas, seront bien accueillies par nos compatriotes.

La construction de ce tramway apparaît aux yeux de tous comme une nécessité impérieuse, comme le salut pour la population de la rive droite très éprouvée depuis bien des années. Il ne faudrait pourtant pas se faire trop d'illusions à cet égard et croire qu'il suffira d'attendre, les bras croisés, l'ouverture de la voie ferrée pour voir renaître, du même coup, le bien-être et la prospérité. Non, ce n'est pas ainsi que les choses se passent. Si le tramway en est réduit aux produits actuels de la région et au transport des habitants, ce ne sera qu'une bien médiocre entreprise, à peine viable. Il s'agit d'envisager la question plus à fond, de remuer des idées et de provoquer l'initiative chez une population qui, de son côté, devra faire quelques sacrifices, si elle veut assurer et escompter avec profit les avantages de ce travail d'utilité publique.

La rive droite de la vallée est une région essentiellement agricole. Ses torrents ne contiennent pas assez d'eau pour permettre l'établissement et le fonctionnement d'industries importantes. Mais les produits de son sol, admirablement exposé et fertile, sont très variés et très recherchés à cause de leurs excellentes

qualités. Voyons donc, sommairement, les réformes
et les modifications que nous jugeons nécessaire d'introduire dans les exploitations agricoles de ce pays.
Le produit principal, c'est le vin. Mais quels désastres
le phylloxéra, ce fléau, a apportés dans les vignobles.
Cuves et tonneaux moisissent et pourrissent dans les
celliers. A peine récolte-t-on un cinquième de ce liquide
précieux qui a fait, autrefois, la fortune des propriétaires. Que nos vignerons se mettent résolument à
l'œuvre pour reconstituer leurs vignes, il n'est que
temps. Atteints les derniers, ils pourront du moins
profiter des expériences acquises ailleurs, et, qu'en
cela, l'Administration les guide, les conseille et les
encourage! La culture du chanvre, qui s'est maintenue
avec grand profit jusque vers l'époque de la guerre, a
été délaissée depuis pour celle du tabac qui réussit
bien, mais qui est bien absorbante. Il serait bon peut-
être d'y revenir. Une prime récemment allouée à cette
culture favorisera sans doute une reprise. Les vers à
soie, après avoir fourni une riche carrière, ont été
abandonnés pendant des années et les mûriers presque
complètement arrachés, mais la réussite semble revenue, et il y a lieu d'espérer que, désormais, nos éducateurs de vers à soie trouveront un produit régulier et
satisfaisant, quoique beaucoup moins rémunérateur
que dans le passé. Quant au blé, à l'avoine, aux
pommes de terre, au maïs, ils ne sont plus cultivés, à
part ce dernier, que pour la consommation locale.

En réalité, les ravages du phylloxéra, l'intensité et
la persistance de la crise agricole, la charge écrasante
des impôts, ont amené depuis vingt ans, dans la région, une situation critique à laquelle il faut remédier
sans retard.

En attendant que la reconstitution des vignobles, qui demandera du temps et beaucoup d'argent, puisse se faire, nos cultivateurs devraient renoncer à leur insouciance et à leur négligence à l'égard du bétail. Nous sommes frappés, en effet, depuis longtemps, de la pénurie du bétail dans cette partie de la vallée. Le compte des paires de bœufs, entre Grenoble et Chapareillan, serait bien vite opéré et ne donnerait qu'un total dérisoire. Il n'y a aucun élevage, et pas une ferme ne possède le nombre de têtes de bétail qu'elle pourrait entretenir. Et pourtant le pays a des prairies et des montagnes pastorales ; la consommation de la viande de boucherie est devenue générale chez tous, malgré des prix fort élevés. Pourquoi, au lieu de vendre leurs foins, nos cultivateurs de la plaine et de la montagne ne pratiqueraient-ils pas un élevage des animaux domestiques dans une mesure convenable ? Nous n'exagérons rien en disant que dans chacune des communes échelonnées sur la route de Grenoble à Chambéry, il est fort difficile de se procurer du beurre, du lait, des volailles et des œufs. Voilà des produits rémunérateurs qu'il faut créer et qui trouveront un écoulement facile sur le marché de Grenoble où ils se vendent fort cher. Imitons donc, sous ce rapport, nos voisins de la Bresse et du Jura. Le tramway organisera certainement un convoi spécial pour amener en ville, de grand matin, le lait et les autres produits recueillis le long de son parcours. La formation de fruitières dans les villages donneront de bons résultats. Les débuts de celles de Saint-Bernard sont de nature à encourager ce mode d'exploitation. Il sera profitable aussi d'entreprendre et de développer la culture maraîchère et le jardinage qui réussiront dans

nos terrains riches en alluvion. Nos vergers eux-
mêmes pourront recevoir une certaine extension du
moment que les fruits des poiriers, des pommiers, des
pruniers, des cerisiers, trouveront un débouché. Qui
ne se rappelle les beaux noyers qui ombrageaient, il y
a moins de trente ans, la route nationale et la plupart
des chemins ruraux. Ils ont disparu presque complètement, et les propriétaires ne devraient pas attendre
plus longtemps pour les remplacer par des sujets
greffés. Certains matériaux, tels que les bois de chauf-
fage, dont le prix de vente est excessif à Grenoble, les
pierres, la chaux, les ciments, les sables, etc.., pourront enfin être exploités avec succès.

Ces simples indications montreront qu'il faudra s'in-
génier à alimenter l'instrument de transport qu'on
aura sous la main et qu'à une situation nouvelle
devront correspondre des efforts et des labeurs nouveaux. Que notre intelligente et laborieuse population
de la rive droite s'y prépare. Le travail, c'est le salut !

Et, dans la belle saison, quand les visiteurs afflue-
ront dans nos charmants villages, le trafic des marchandises augmentera, l'espoir et la confiance renai-
tront; les vogues, autrefois si brillantes, ressuscite-
ront, et notre cher pays recouvrera enfin son ancienne
et légendaire prospérité.

Depuis 1895, nous avons constaté avec plaisir que,
dans chaque commune, la reconstitution des vignobles
s'opérait dans une notable proportion.

D'après les calculs des ingénieurs, le tramway rem-
placera avantageusement les voitures publiques qui,
malgré plusieurs départs par jour dans certaines localités, étaient manifestement insuffisantes au point de
vue de la vitesse et du confort. Il desservira une popu-

lation de 78,000 habitants dont 60,000 pour Grenoble et
18,000 pour la campagne, sans compter les touristes. Il
transportera 60,000 hectolitres de vin ; 15,000 hectolitres
de lait ; 6,000 tonnes de charbon ; 4,500 tonnes d'en-
grais ; 40,000 hectolitres de grains ; 5,000 tonnes de
pommes de terre, 6,000 caisses de gants, etc., et tout
cela est appelé, disent-ils avec raison, « à se développer ».

Signalons à présent, avant de décrire le tracé du
tramway, que la Compagnie a été autorisée à employer
la traction électrique dont l'usine génératrice est située
à Lancey. La force se transmet par des fils aériens
qui passent par-dessus l'Isère et traversent la plaine.

Ajoutons enfin qu'une autre compagnie desservira
aussi, au moyen de l'électricité, l'ancienne route nationale de Grenoble, par La Tronche, jusqu'à la Croix de
Montfleury.

Il n'y a plus qu'un souhait à manifester, et il est
d'une importance capitale, surtout pour l'exploitation
du tramway de Grenoble à Chapareillan, c'est que la
Compagnie puisse continuer sa ligne jusqu'a Chambéry.

Tracé du tramway

LE tramway part de la gare du Paris-Lyon-Méditerranée et gagne les quais pour arriver place Notre-Dame, d'où il se dirige sur l'Ile-Verte et sur le nouveau pont, aux abords duquel se trouve la gare de *Grenoble-dépôt*.

C'est à partir de la place Notre-Dame que nous allons compter, en suivant les indications du plan de construction du tramway, les distances parcourues.

Après avoir franchi l'Isère, il entre sur le territoire de La Tronche, à la *halte du Pont de l'Ile-Verte;* à 400 mètres plus loin, *halte du Chemin des Hospices;* passage du ruisseau du Charmeyran et, au deuxième kilomètre, *halte de La Tronche.* Diverses haltes se succèdent aux chemins de la *Croix de Montfleury*, des *Aiguinards*, de *La Revirée*, de *Buclos*, avant d'atteindre la *station de Meylan* (4 kil. 450), au hameau du Bachet. Laissant à droite Saint-Mury, traversant l'allée du château de M. de Luppé, le tramway rejoint la route nationale à la *halte du Chemin de l'Hermitage* (5 kil. 650).

Là se termine la rectification de la route nationale, qui a permis d'entreprendre l'établissement d'une voie ferrée importante qui n'aurait pu gravir les fortes

pentes de La Tronche et de l'Egala. Pendant 5 kilomètres, le tramway emprunte dès lors le sol de la route,
franchit le torrent de Jallières sur un pont métallique
de 7 mètres d'ouverture, et s'arrête à la *halte du Chemin de la Détourbe* pour desservir une partie de Meylan et de la Bâtie-d'en-Haut.

Après le ruisseau de Pontcroissant, *halte de Mont-
bonnot-village*, puis, à la sortie, *station de Montbonnot-
St-Martin* (7 kil. 200); *halte au Chemin de la Doux*, qui
descend à St-Martin-de-Miséré, qui depuis longtemps
déjà ne forme qu'une commune avec Montbonnot.

Au 8e kilomètre, *halte de Biviers*, et un peu avant le
9e, *halte des Evéqueaux* et ruisseau de Corbonne, où
commence la commune de Saint-Ismier, sur laquelle
se trouve la *halte Randon*, en face de la propriété
ayant appartenu au général Marchand et au maréchal
Randon. Plus loin, *station de Saint-Ismier* et, ensuite,
halte des Maréchaux, avant le ruisseau du Fangeat,
un peu avant le 11e kilomètre.

A partir de ce point, le tracé abandonne la route nationale pour desservir la commune de Saint-Nazaire,
et ne reprend la route qu'à Bernin, après avoir parcouru une déviation de plus de 4 kilomètres. Le
tramway descend donc sur la droite, franchit le
dangereux torrent du Manival sur un viaduc métallique de 15 mètres en trois travées et construit à
450 mètres de distance de la route nationale. En arri-
vant sur le territoire de Saint-Nazaire on trouve la
halte des Rivoulets, et, au 12e kilomètre, la *station de
Saint-Nazaire*, près du cimetière.

A 700 mètres de là, *halte des Drogeaux*, entre ce
hameau et le château de M. Jacquin; puis la voie suit
le chemin des Ecoutoux, arrive à la *halte des Varvoux*,

desservant le Las-Bernin, et à la *station de Bernin*, au 15e kilomètre, où elle rejoint la route nationale. Cette déviation est intéressante, elle passe au pied du monticule des Ratz, domine la plaine et offre une très belle vue sur les villages et les montagnes de la rive gauche de l'Isère.

De la gare de Bernin à celle de La Terrasse, le tramway ne quitte plus la route nationale pendant près de 8 kilomètres.

Après avoir traversé le village de Bernin et le ruisseau, on arrive sur la commune de Crolles où l'on trouve, un peu avant le 16e kilomètre, la *halte de la Croix des Ayes*, et, au 17e, la *gare de Crolles*. De là, on passe sur le ruisseau de Crolles et on entre dans le village, en ayant sur la droite le parc et le château de M. de Bernis.

Après le 19e kilomètre, on franchit le ruisseau de Montfort, on atteint la *halte de Montfort* et la commune de *Lumbin*, dont la station est située à la sortie du village. On aperçoit ensuite, sur la gauche, le Petit-Lumbin ; on s'arrête à la *halte du Carre*, après le ruisseau de ce nom, et l'on est sur la commune de *La Terrasse*, dont la station est placée un peu avant le 23e kilomètre, au centre du village.

En sortant de la station, le tramway est en déviation pendant un kilomètre, à cause de l'étroitesse de la route qui n'a que 4m60 entre les constructions, au lieu de 8 mètres, et de la descente rapide de la Dérochat. Il tourne donc à droite, franchit le ruisseau de La Terrasse sur un pont métallique de 3m20, le chemin de Tencin à La Terrasse, le chemin de Chonas, le clos Pison, se rapproche de l'église, et rejoint la route nationale au pied de la Dérochat, au kilomètre 24.

Un peu avant d'arriver au kilomètre 25, on entre sur le territoire du Touvet et on s'arrête à la *halte de la Frette*, lieu où est né et où mourut le baron des Adrets. On passe ensuite au pied du hameau de la Conche, mais la route nationale ayant une pente trop forte dans le bourg du Touvet, le tramway fait une déviation à gauche sur le coteau de Grange-Vieille et du Mollard, et arrive au 27e kilomètre 1/2, à la *gare du Touvet*, placée au centre du village et derrière les maisons voisines de la place de la Mairie. On y jouit d'une vue magnifique sur les montagnes environnantes. Au sortir de la gare, le tramway, qui a décrit une grande courbe, traverse la route et continue sa déviation jusqu'au pont du torrent de Bresson, sur la route nationale. La longueur totale de cette déviation depuis la Conche est de plus de 1,800 mètres.

A partir du pont du dangereux torrent de Bresson, le tramway aurait pu continuer sur la route nationale et desservir les deux villages de Sainte-Marie-d'Alloix et de La Buissière, avant d'arriver à Barraux, mais un autre tracé a été adopté. Le tramway se rapproche de la montagne, suit le chemin d'intérêt commun du Touvet à Barraux, dont il emprunte parfois l'assiette, en l'élargissant et en passant par les communes de Saint-Vincent-de-Mercuze et de La Flachère. Ce tracé, qui traverse une région pittoresque, a exigé de forts remblais, de profondes tranchées et plusieurs ouvrages d'art sur les ruisseaux.

La petite station de *Saint-Vincent-de-Mercuze* se trouve au 30e kilomètre, à la sortie du village, près de l'église, et avant d'arriver à la halte du *hameau du Montalieu*, après le 21e kilomètre, on pénètre dans une profonde tranchée où ont été trouvés de nombreux blocs erratiques de granit, de schiste et de grès provenant de la période glaciaire du massif des Alpes de la rive gauche, et on franchit le ruisseau de Sainte-Marie-d'Alloix, sur un pont voûté de 4 mètres d'ouverture. Le tramway, continuant son ascension à travers des vignes, de beaux chênes et d'énormes châtaigniers, arrive à la *station de La Flachère*, au kilomètre 33, au milieu d'un paysage splendide. En cet endroit, le tracé du tramway atteint le maximum de son altitude, 423m86 au-dessus du niveau de la mer. Parti de la place Notre-Dame à la cote de 213m21, il s'est donc élevé de 210m65. De là, il descend rapidement pour finir à la cote de 277m43, en gare de Chapareillan. En quittant La Flachère, le tramway passe au Boissieu, hameau de La Buissière, située dans le bas, sur la route nationale, franchit le ruisseau du Boissieu et le Rif-Mort, entre sur la commune de Barraux où il rencontre le hameau du Fayet et le ruisseau des Dégoûtés, et, au 37e kilomètre, pénètre dans la *gare de Barraux* placée entre le village et le fort, sur la route nationale qu'il emprunte à nouveau jusqu'à la limite de cette commune, après les ruisseaux du Furet et de la Cuillere.

En entrant sur le territoire de Chapareillan, le tramway abandonne une dernière fois la route nationale, décrit une déviation de plus d'un kilomètre sur la droite, et ne rejoint la route qu'après avoir traversé le ruisseau du Cernon, sur un pont métallique de 10 mètres. La *halte du Cernon* est placée au point de jonction avec la route, près du kilomètre 41. A 300 mètres de cette halte, le tramway arrive à la *gare de Chapareillan*, son point terminus.

La Vallée du Graisivaudan

(RIVE DROITE DE L'ISÈRE)

A vallée de l'Isère, dans la partie que nous allons décrire, a été occupée primitivement par les Allobroges et ensuite par les Romains, qui ont laissé dans certaines localités des traces de leur domination. Après eux, le pays a subi de multiples invasions et a fait partie du royaume de Bourgogne. L'histoire est très obscure sur les événements qui ont suivi le démembrement de ce royaume et sur l'origine de la première race des Dauphins qui, successivement, sous le titre de Comtes, *Comtes du Graisivaudan*, Comtes d'Albon et Dauphins, apparaissent dès le XIᵉ siècle.

Ce nom de *Graisivaudan*, donné à la vallée de l'Isère, lui vient de celui des montagnes qui font partie du bassin de cette rivière, les Alpes Grées (*Graiæ Alpes*, *Mons Graius*, Petit Saint-Bernard), lesquelles tiraient le leur soit des Grecs, soit d'un mot primitif désignant des rochers.

L'histoire est remplie des démêlés qui eurent lieu entre les évêques de Grenoble et les Comtes, au sujet de leurs possessions respectives dans cette région, notamment en ce qui concerne le château et la terre de Montbonnot, que les deux adversaires se disputaient. Des traités intervinrent entre le grand évêque saint Hugues et le comte Guigues III, en 1099 et en 1116. Le comte rendit à l'évêque les églises dont ses prédécesseurs et lui tiraient d'importants revenus, lui donna la terre de Corbonne et lui accorda le tiers des droits perçus sur les marchés et foires de Montbonnot.

Signalons aussi que différents seigneurs avaient reçu, en récompense de leurs services, ou avaient conquis, dans ces temps si troublés, un grand nombre de terres où ils élevèrent des châteaux forts. Nous les retrouverons en parcourant l'histoire des communes de la rive droite, de Grenoble à Chapareillan.

Le diocèse de Grenoble comprenait déjà, avant le xe siècle, de nombreuses cures en Savoie, groupées dans ce qu'on appelait le Décanat de Savoie, et dont firent partie les communes suivantes de notre rive droite : Sainte-Marie-d'Alloix, La Buissière, Saint-Marcel et Saint-Georges, Barraux, Chapareillan et Bellecombe, jusqu'à la création de l'évêché de Chambéry, en 1779.

Le nom de Graisivaudan se trouvait encore attaché à deux fonctions différentes sous le gouvernement des Dauphins, celle de bailli et celle de juge. Le bailli avait les attributions d'un gouverneur et résidait à Grenoble.

Nos anciens historiens nous font connaître les noms de plusieurs d'entre eux : Pierre d'Avallon (1318), Amblard de Briord (1340), Guigues de Latour (1358), Rodolphe de Commiers (1379), etc... Il y avait six bailliages pour tout le Dauphiné; Louis XI les réduisit à deux.

Quant à la fonction de juge-mage du Graisivaudan, elle a été remplie par Jean de Goncelin (1242), Guillaume de Claix (1250), Guigues Borel (1318), Guillaume Falavel (1320), Marquis de Claix (1329), Guillaum du Mas (1349). Cette fonction cessa d'exister par suite de la création du Conseil delphinal (1337), et du Parlement (1453), après avoir survécu quelque temps encore. Sous les ordres de ces hauts dignitaires, il y avait de nombreux châtelains, nobles et détenteurs d'une autorité assez étendue.

La vallée du Graisivaudan a une réputation célèbre dans le monde, et depuis longtemps. Le roi Louis XII l'appelait « le plus beau jardin de France », et si cette appréciation royale n'est pas d'une authenticité certaine, comme il arrive quelquefois en matière de mots historiques, personne ne l'a jamais contredite. « Là, ajoute notre historien Guy Allard, paraissent de belles maisons, de forts châteaux et grand nombre de tours ; belle vallée toujours cultivée, remplie de plusieurs sortes d'arbres plantés en lignes égales, côtoyée d'agréables coteaux remplis de vignes et de bocages, et traversée par l'Isère qui, par son canal inégal et serpentant, fait un objet charmant. Là, de tout temps, a éclaté la pourpre et l'écarlate de la noblesse de cette province. » Nous voyons, en effet, les listes considérables des seigneurs qui ont pris part aux grandes batailles de Varey, de Crécy, de Verneuil (où il y avait 1.000 nobles dauphinois dont 300 furent tués en 1424), de Montlhéry, de Fornoue, de Marignan, de Pavie, de Cérisoles, et nous y reconnaissons les noms de seigneurs ayant des terres sur notre rive droite : les Bellecombe, les d'Arces, les Salvaing de Boissieu, les Granges, les Cognoz, les Beaumont, les De Fay, les

Montfort, les Cassard, les Guiffrey de Boutières, les
Mayarc, les Terrail de Bernin, etc...

Vers 1630, un voyageur allemand, Abraham Gœlnitz,
venant de la Grande-Chartreuse et se dirigeant sur
Grenoble par le Sappey, s'exprimait ainsi :

« A un demi-mille de ce village, nous arrivâmes à
l'extrémité des montagnes, voyant sous nos pieds la
Tempé du Dauphiné. C'est une vallée longue et large,
couverte de fleurs, d'herbes, de pâturages, de jardins,
divisée en deux parties par la rivière de l'Isère. La
terre même sur laquelle nous marchions était toute
couverte de violettes pourprées; nous descendions à
travers des vignobles où des amandiers et des pêchers
répandaient par leurs fruits de délicieuses odeurs. »

L'inspecteur des postes, Vaysse de Villiers, qui a
parcouru et décrit les routes du vaste empire de Napoléon Ier, a dit aussi : « Nulle part, je n'ai vu de
perspective plus variée; nulle part les Alpes ne m'ont
paru plus belles, sans même excepter le Piémont. »

Le voyageur qui fera le trajet de Grenoble à Chapareillan sera dans un continuel enchantement. Pendant
tout son parcours le tramway domine la plaine et
l'Isère, les villages se succèdent rapidement les uns
aux autres et, dans les intervalles, les ruisseaux, les
cascades attirent les regards.

La rive gauche et ses montagnes offrent à chaque
instant des points de vue et des panoramas admira-
bles. Et quel contraste intéressant entre la longue
chaîne calcaire du Saint-Eynard, de la Dent de Crolles,
de l'Haut du Seuil, de l'Alpe et du Granier, sur la rive
droite, et les pics merveilleusement découpés et variés des Alpes granitiques de la rive gauche.

L'architecture seule laisse à désirer. La forme des

habitations est carrée, sans ornementation, avec des toitures lourdes et recouvertes de grosses tuiles. C'est solide mais sans élégance, ni variété. Cela tient à plusieurs motifs : l'ancienneté des villages, les matériaux abondants mais d'une excessive dureté et aussi la fortune entièrement agricole, suffisante à procurer une honnête aisance, mais incapable de faire naître le luxe. Et tant mieux qu'il en soit ainsi. Chacun peut conserver sa modeste maison et la transmettre d'âge en âge aux enfants, à l'abri des crises, des revers et des ruines qui frappent si fréquemment l'opulence. S'il fallait caractériser d'un mot nos plus considérables constructions, appelées généralement châteaux dès qu'elles ont une certaine dimension, nous dirions que les Dauphinois n'ont été artistes que dans le choix des emplacements. Sans doute, avec le temps, avec l'emploi du fer et des matériaux plus faciles à transporter et à travailler, nous verrons, comme partout, dans les endroits consacrés à la villégiature, des modifications se produire et des progrès se réaliser dans l'art de bâtir.

La Tronche

L'admirable situation de La Tronche, qui en fait comme une petite Provence aux portes de Grenoble, attire depuis longtemps une population qui va en augmentant sans cesse. En 1866, il y avait déjà 1964 habitants, on en compte actuellement 2754. Partout s'élèvent des maisons de plaisance, des villas, des chalets avec parcs et jardins, riches en beaux arbres, en fleurs, en fruits et en primeurs.

L'origine de cette commune est fort ancienne. Elle ne porte le nom de La Tronche que depuis la Révolution, elle s'appelait jusqu'alors Saint-Ferjus, nom du treizième évêque de Grenoble, Ferréolus, martyrisé vers 683, et dont le corps, d'après une pieuse légende, aurait été brûlé dans un four à chaux, sur ce territoire. Le Pouillé de 1497, statistique précieuse, dressé en latin par François Dupuis, vicaire général de Grenoble, puis chartreux et général de l'Ordre, nous apprend que l'église de cette localité était consacrée à Saint-Ferjus, *Sancti Fergeoli*, et qu'il y avait 50 feux dans la paroisse. Quant au mot *Tronche*, on en attribue la signification à une forêt coupée, *truncata*. Ainsi que le rappelle M. F. Leborgne, dans ses notes sur La Tronche, publiées par *Le Dauphiné* en 1886 et en 1888, c'était sur cette commune que se trouvaient les dépôts et les marchés de bois du Sappey. Sur les points élevés du coteau à Rosans, à Mentone, à Montvinoux, à la Pinote, et ailleurs encore, on peut constater des restes d'anciennes terrasses, de meurtrières, de fenêtres grillagées, de portes solides, antérieures au XVe siècle, présentant tous les caractères de maisons fortes ayant à se défendre dans ces époques lointaines contre des attaques incessantes. L'histoire rapporte aussi que, sous le gouvernement d'Humbert II, dernier dauphin (1333-1349), un atelier fut installé à La Grande-Tronche pour la fabrication des monnaies delphinales. Les archives de la Chambre des Comptes contiennent les comptes rendus faits par Guillaume Pilat et Pierre Faure, maitres des monnaies en 1342, 1343 et 1345. L'église actuelle date de 1852 ; elle a remplacé l'église primitive et elle renferme le beau tableau, la *Vierge de la Délivrance*, dont le grand peintre Hébert, membre de l'Institut, qui a une maison de campagne à La Tronche, a fait don à sa paroisse. La mairie, située au quartier du Péage, nom d'une construction où se versaient les droits établis par Humbert II au profit du monastère de Montfleury, possède une bibliothèque de plus de 3.500 volumes et un certain nombre de tableaux et de gravures, le tout provenant de la libéralité de M. Jacquier.

Sur la hauteur, près de la Pinote, se trouve une petite chapelle dite de la Vierge Noire, qu'un paysan découvrit, au IXe siècle, en piochant sa terre, et qui, transportée dans l'église, serait revenue dans l'endroit où elle fut ensevelie. Tous les ans, le lundi de la Pentecôte, un pèlerinage se rend à cette petite chapelle. La Pinote, vendue comme biens d'émigrés de la famille Lacoste, appartient à M. Xavier Drevet, directeur du *Dauphiné*. C'était le séjour d'été de notre célèbre romancière dauphinoise, Mme Louise Drevet, décédée le 23 juillet 1898, et c'est là que son judicieux et profond esprit cueillit, *Solitaire de la Pinole*, ces *Corbeilles de Pensées* que l'on eut tant de plaisir à lire dans le même journal. De la terrasse de cette propriété, on a sur la ville, les vallées de l'Isère et du Drac, et sur les grandes Alpes en face, une vue d'une splendeur incomparable.

En sortant de Grenoble, par la porte Saint-Laurent, on aperçoit dans les vignes les restes des remparts de Lesdiguières et un très beau bloc erratique transporté là pendant la période glaciaire. Ces vignes en grande partie détruites par le phylloxéra et reconstituées depuis peu, produisaient un vin, particulièrement celui de Pétillonnière, très bu par les Grenoblois dans leurs promenades à La Tronche. Lo Gueuste Mouthier a composé en patois une jolie chanson sur le vin de la Tronche :

> A La Tronch' on y bey de vin
> Qu'eit fat avei de vrai raisin,
> Din lo pitro on s'en resseint
> I réchaude pendant longtimp
> On pot beire lo jour la not,
> De queu bon vin de Malanot.
> Si la tèta vo z'en fat mâ,
> Le lendeman faut redobla, etc... (1)

Aussi les ouvriers gantiers disent-ils : « Ce n'est pas le tout d'aller à La Tronche, c'est d'en revenir ! »

La vogue de La Tronche a lieu le Mardi-Gras ; elle y amène un grand concours de promeneurs et de mas-

---

(1) *Le Dauphiné*, 1er mai 1892, et *Poésies en patois de Grenoble* (Bibliothèque Littéraire du Dauphiné).

carades se jetant gaiement des pois, de la farine et des confetti.

A xvIII° siècle, il y avait deux fabriques de faïences communes dont les produits ne tardèrent pas à remplacer la vaisselle d'étain en usage jusqu'alors. L'une d'elles existait encore, avant la guerre de 1870, à l'entrée du chemin Saint-Jean, aujourd'hui supprimé. Dans ce même quartier, la ville de Grenoble possède depuis le xIV° siècle la source de Saint-Jean, la seule eau de source qu'elle ait eue pendant longtemps (1).

Une belle route conduit à Corenc, au Sappey, à Saint-Pierre-de-Chartreuse, on y jouit constamment d'une vue magnifique. Les montagnes qui dominent La Tronche sont la Bastille, le Montjalla et le Mont-Rachais (1053 m.), ce dernier appelé, pendant le moyen âge, mont Esson.

Depuis plusieurs années, M. Lucien Poulat, qui a fait construire à ses frais un observatoire météorologique, publie dans *Le Dauphiné* un bulletin mensuel de météorologie qui renferme des observations intéressantes sur le climat du petit Nice dauphinois.

(Propriétés à signaler : Teisseire, A. Duhamel, Taulier, E. Hébert, Vellot, E. Chavand, P. Perrin, X. Drevet, F. Leborgne, Gonnet, Charpenay, etc... Hospices de Grenoble, Pépinière de Mortillet, Petites Sœurs des Pauvres, Annexe du Grand-Séminaire, Hospice des Vieillards de Grenoble).

_____

(1) Voir *Les Fontaines de Grenoble*, par A. Albertin, série d'articles publiés par *Le Dauphiné*.

Corenc

Le village de Corenc, dont l'église attire les regards depuis Grenoble par sa position sur un belvédère splendide, est situé sur la route de Grenoble au Sappey et à la Grande-Chartreuse, au-dessous de la montagne et du fort Saint-Eynard (1059ᵐ) et du fort Bourcet. Il a une population de 888 habitants disséminés sur les pentes garnies de vignes et de jardins. Le nom de fort Bourcet a été donné en souvenir du général et habile ingénieur, Pierre de Bourcet, qui a levé la carte des frontières des Alpes. Il possédait une campagne dans laquelle il est mort en 1780, au-dessus du Bachais.

L'origine de Corenc est fort ancienne. Nous trouvons déjà son nom *Corennum* dans le testament du patrice Abbon (5 mai 739), lequel se transforma un peu plus tard en *Corencum*. Il y avait un prieuré dont M. Emmanuel Pilot de Thorey, fils du savant et regretté archiviste de l'Isère, a écrit l'histoire dans ses *Prieurés du diocèse de Grenoble* que nous aurons souvent l'occasion de citer. Après avoir dépendu du chapitre de la Cathédrale de Grenoble, ce prieuré fut cédé au prieuré de Saint-Martin-de-Miséré en 1289 et compta, à partir de cette date, parmi ses prieurs, des membres des plus grandes familles du Dauphiné : Soffrey d'Arces, de Bardonnenche, de Commiers, d'Avançon, etc... Les bâtiments et le domaine du prieuré furent adjugés, comme biens nationaux, le 19 mars 1791, aux sieurs Flandrin et Cie, moyennant 22.100 livres.

Le Pouillé de 1497 mentionne l'église de Saint-Pierre-de-Corenc, *Sancti Petri de Coranco*, la chapelle de Saint-Blaise à Bouquéron, et compte 52 feux dans la paroisse. L'église primitive qui tombait de vétusté a été remplacée sous l'administration de M. J.-J. A. Pilot, maire de la commune. Près de là, au mas du Mollard, et sur l'emplacement d'une ancienne maison forte, pour laquelle Hugues Grinde rendit hommage au roi Charles VI, d'après les archives de la Chambre des Comptes, s'élève un couvent pour l'éducation des jeunes filles dirigé depuis 1832 par les Religieuses de la Providence, précédemment installées à Grenoble et à Montfleury.

Sur l'ancienne route du Sappey se dresse encore orgueilleusement la vieille tour d'Arvilliers, appelée aussi la Tour des Chiens, qui commandait le col de Vence, servait de forteresse et de rendez-vous de chasse, au moyen âge. L'érudit conseiller au Parlement, Aymar du Périer, au xvie siècle, a porté le titre de sieur d'Arvilliers. En descendant, on trouve l'établissement hydrothérapique de Bouquéron, alimenté par une source considérable et placé dans une situation très hardie, à la pointe d'un rocher. C'était autrefois un château dont la construction, s'il fallait croire au récit fabuleux d'Aymar du Rivail, serait due, ainsi que celle de la Tour-sans-Venin, au célèbre Roland, neveu de Charlemagne, pendant le siège légendaire de Grenoble qui dura sept ans et qui ne se termina, comme celui de Jéricho, qu'au son des trompettes sacrées autour de la ville occupée par les Sarrasins et dont les murailles tombèrent vers l'an

800 (1). Ce qu'il y a de certain, c'est que l'histoire a fait souvent mention de ce château de *Boccoiro* et de *Boco-ronus*, qui servait de repaire à des seigneurs vivant de rançons et de pillages. L'un d'eux, Pierre de Bouquéron, fut enfin contraint, en 1281, de se soumettre à l'autorité de l'évêque de Grenoble et de cesser ses brigandages. Au siècle suivant, le château devint la propriété de la célèbre famille des de Bérenger, barons de Sassenage. En 1521, Paul Coct porte le titre de seigneur de Bouquéron et a droit de juridiction dans le mandement de Montbonnot.

Un peu plus bas et plus rapproché de Grenoble se trouve le couvent de Montfleury, dont l'histoire a été écrite et publiée quelques jours avant sa mort, en 1857, par un jeune écrivain, Henri de Maillefaud, sous le titre de *Recherches historiques sur le monastère royal ou Chapitre noble de Montfleury*, ouvrage dont le savant professeur, M. Revillout, a fait un compte rendu élogieux à l'Académie Delphinale.

La beauté du site de Montfleury attira les Dauphins qui y possédèrent un château. A la suite d'un vœu, le dernier Dauphin, Humbert II, décida, le 23 décembre 1342, d'y établir les religieuses dominicaines en leur concédant des revenus importants parmi, lesquels figurait le péage de la Tronche sur terre et sur eau. Les travaux d'aménagement durèrent cinq ans et la communauté ne fut installée que le 11 avril 1347. Le nombre des religieuses fut fixé à soixante-dix qui

---

(1) Ces divers souvenirs ont été mentionnés par M⁰ⁱ Louise DRÉVET, dans ses *Nouvelles et Légendes Dauphinoises*, notamment dans *Les Trois Pucelles, La Malanot*, etc.

devaient avoir au moins quatre quartiers de noblesse.
Le règlement de cet ordre était peu sévère, le parloir
était fréquenté par une haute et élégante société. Le
célèbre cardinal et évêque de Grenoble, Le Camus,
tenta de prescrire la clôture du monastère. Voici ce
qu'il écrivait à ce sujet, le 21 février 1684, à M. de
Pontchâteau : « La coquetterie et l'esprit du monde est
dans cette maison, elles se promènent seules avec des
jeunes gens dans leurs cours, elles n'ont jamais ni
clôture ni grille. Le canon, la décrétale, l'ordonnance et leur constitution les y obligent sous peine
d'excommunication. Doit-on les y obliger de même,
bien qu'on prévoie un appel comme d'abus qui durera
toute la vie sans exécution? Ou doit-on entrer dans
des tempéraments, qu'elles ne parlent aux hommes
que dans une salle où il y a une assistante âgée, sans
parler de grille? » Louis XIV annula l'ordonnance de
clôture. D'après tous les témoignages des contem-
porains, il n'y eut pas d'abus de la part des religieuses
et seule Mme de Tencin qui y resta plusieurs années dans
sa jeunesse, a fait exception. Le roi Charles VIII, se
rendant en Italie en 1494, accorda une subvention au
monastère qui venait d'être incendié. La reine, Anne
de Bretagne, le visita aussi en 1507.

Dans leurs possessions foncières, les religieuses de
Montfleury avaient une vigne appelée Clos de l'Archevêque ou Viennoise, nom qui lui venait de son ancien
propriétaire, Jean de Bernin, archevêque de Vienne.
Ainsi que l'a remarqué le savant J.-J.-A. Pilot, cette
vigne a conservé cette dénomination et, en patois, on
dit encore *la Viennaise*. Le couvent fut plusieurs fois
incendié et reconstruit; en 1720, il avait un revenu de
15.000 livres et 47 religieuses.

A la Révolution, Montfleury fut vendu comme propriété nationale. MM. Froussard et Durand en firent cession aux sœurs de la Providence auxquelles succédèrent les dames de Saint-Pierre en 1831, et enfin en 1846, les dames du Sacré-Cœur qui en ont fait une maison d'éducation réputée. Philibert de Bruillard, qui fut évêque de Grenoble de 1826 à 1853, s'y retira et y mourut, en 1860, à l'âge de 95 ans. Grâce à ses dons, le Petit-Séminaire de Grenoble s'installa au Rondeau.

Guy-Allard nous apprend qu'il y avait aussi à Montfleury un *Mistral*, intendant des Dauphins, et en 1339, des maisons fortes appartenant aux nobles Grinde, Cony et Conoz. Le compositeur-pianiste Bertini a longtemps habité dans le bas de Montfleury, sur Meylan.

Comme à la Tronche, les propriétés d'agrément sont fort nombreuses sur le territoire de Corenc. On répare, on embellit les anciennes et on en construit des nouvelles.

Propriétés à signaler : Établissement de Bouquéron, Orphelinat Gerin, couvents du Sacré-Cœur et de la Providence, Goodridge, Luit, Monrozier, Docteur Bordier, Gariod, de Friess, Boulle, Grégoire et Ricoud.

Meylan

La commune de Meylan est traversée par la route nationale qui présente, au début, un rampe d'une raideur excessive, appelée la montée de l'Egala, et qui a nécessité la déviation nouvelle empruntée par le tramway de Chapareillan.

La population de Meylan est de 930 habitants.

La dénomination de ce village dans des chartes latines du XIe et du XIIe siècle est la suivante : de *Meiolano, de Mediolano*. Il existait déjà sous les Romains. On a trouvé, en effet, dans le jardin de Mme Dubois un cippe portant l'inscription suivante, reproduite par M. Allmer dans ses *Inscriptions antiques de Vienne* :

```
D     M
L PRIMI
VALERI
ET POTTIAE
CARILLAE
PRIMI
VASSILLVS
ET VALERIA
PARENTIB
```

« Aux Dieux Mânes de Lucius Primius Valerius et de « Pottia Carilla, Primius Vassillus et Prima Valeria « à leurs parents. »

Le Pouillé de 1497 dit que l'église est consacrée à

Saint-Victor et à Saint-Ours, que le nombre de feux est de 120 et qu'il existe un prieuré de Saint-Eynard. Sur le bord de la route, au début de la montée de l'Égala, on voit une habitation transformée depuis quelques années en petit château avec tour et tourelles, c'était autrefois une maison carrée ayant appartenu à Matel, négociant en soierie à Grenoble, rue de la Revenderie, appelée plus tard rue Marchande et, actuellement, rue Renauldon. Matel était le mari de Marie Vignon, originaire de Theys et maîtresse de Lesdiguières. Il revenait un soir de sa métairie lorsqu'il fut assassiné au pied d'un coteau de vigne qui aurait reçu, en souvenir de ce crime, le nom de Malanot, mauvaise nuit. Mais le savant archiviste Pilot a établi que ce nom de Malanot existait antérieurement à la mort de Matel. Lesdiguières épousa Marie Vignon et tous deux furent soupçonnés d'avoir fait tuer Matel. Lesdiguières était veuf de Claudine de Bérenger.

En face, au hameau du Bachais ou Bachet, est née de pauvres paysans, une autre femme célèbre par sa beauté, Claudine-Françoise Mignot, appelée *la Lhauda* qui eut trois maris. Elle épousa, à 16 ans, M. d'Amblérieux, fermier de la province, qui lui donna des maîtres pour l'instruire et qui lui légua toute sa fortune. Veuve à 20 ans, elle se rend à Paris pour chercher un appui contre les revendications de la famille de son mari. Le maréchal de l'Hospital, âgé de 70 ans, l'épouse en 1653 et meurt en 1660. Enfin, elle se remarie une troisième fois avec l'ex-roi de Pologne, Jean-Casimir V, mais morganatiquement, avec le manteau royal et la couronne sur la tête. Veuve pour la dernière fois en 1672, elle vécut encore dans le monde, se retira à 70 ans, chez les Petites Carmélites à Paris où elle mourut en 1711, à quatre-vingts ans passés, dit Dangeau. Elle justifie le vieux dicton : « On voit quelquefois des rois épouser des bergères. » Mme Louise Drevet a raconté cette existence curieuse dans le *Secret de la Lhauda*. Aubert-Dubayet, qui fut député et ministre de la guerre au début de la Révolution, avait une maison de campagne à l'Egala.

Sur un monticule, au-dessus du village de Meylan, s'élevait une maison forte appelée la Bâtie d'en Haut, détruite en 1590, en même temps que le fort de Montbonnot, après les troubles de la ligue et les guerres avec le comte de Savoie. Le savant archiviste Pilot a écrit l'historique des maisons fortes du Graisivaudan et nous y voyons que cette Bâtie a appartenu successivement à Siboud de Château-Neuf, au domaine delphinal en 1292, à Pierre d'Avallon et à ses héritiers, aux d'Arces, en 1363, aux de Chaulnes en 1620, et enfin aux Corbeau de Vaulserre, à la suite d'une vente passée en 1759 par Lovat, seigneur de la Bâtie de Meylan, qui l'avait acquise de Paul de Chaulnes, en 1718. Mais depuis 1590, il ne s'agissait plus que du domaine, les bâtiments ayant été démolis. Il ne reste plus qu'une terrasse et une petite chapelle, qu'on appelle encore dans le pays Château Corbeau, et le hameau de la Bâtie.

Dans un endroit escarpé du Saint-Eynard se trouvait, dès le treizième siècle, un prieuré très pauvre, désigné dans un acte du 15 mars 1244 sous le nom de Fayssia et qui, au siècle suivant, dépendait du prieuré de Saint-Michel-de-Connexe. Abandonné par les religieux à cause de sa difficulté d'accès, il fut vendu en 1578 à la famille de Boffin qui en fit don, en 1615, aux

Recollets de Grenoble. Depuis la Révolution cet ancien ermitage a passé entre différentes mains.

Les Dominicains possédaient à Meylan treize sétérées de vignes que le roi Charles VIII exempta de tous droits. Les Capucins y ont un couvent.

En 1713, un ancien curé de la paroisse, Bertier, fit des legs aux pauvres de Meylan, à ceux de Saint-Ferjus La Tronche). On sait que Berlioz, le grand compositeur, a habité Meylan dans sa jeunesse, et il a consacré plusieurs pages de ses mémoires aux souvenirs de ce pays et des personnes qu'il y a connues. Dans la maison qu'il fréquentait, on a trouvé un bas-relief d'un travail médiocre représentant Lesdiguières et Marie Vignon et qui ne serait, d'après M. J. Roman, qu'une imitation d'un médaillon de Dupré sur lequel figurent Henri IV et Marie de Médicis.

Citons comme un fait exceptionnel pour notre époque qu'on a tué, sur le Saint-Eynard, en 1891, un chamois qui appartenait vraisemblablement à la bande de ces rares animaux qui existent encore dans les chasses gardées des forêts de la Grande-Chartreuse.

Propriétés à signaler : Baudrand, du Boys, Chatin, Favre-Gilly, de Luppé, de Mortillet, de Rochebelle, de la Tour, Rolland, Reppellin, Boulle, Sanial du Fay, Simian, Thouvard, Bordier, Pagès, Bonnet, le Masson, Magimel, Steel, et celle ayant appartenu au général de Taxis, décédé depuis plusieurs années et qui était colonel à l'assaut de Malakoff.

Dans cette région, deux remarques fort anciennes ont été faites sur l'aspect du Saint-Eynard au point de vue du temps. L'une prévoit ainsi la pluie :

On est menacé d'eau,
Saint-Eynard a son manteau.

L'autre, au contraire, prédit le beau temps en ces termes :

Saint-Eynard a son chapeau
Prends la fourche et ton râteau.

Montbonnot

La commune de Montbonnot est composée du village de ce nom, situé sur la route nationale, et de Saint-Martin-de-Miséré, au-dessous, ayant ensemble une population de 637 habitants.

L'origine de Montbonnot est ancienne. Sur la butte qui commande la route de Grenoble et domine la plaine s'élevait un fort dont la possession donna lieu à de nombreux démêlés entre le grand évêque Saint-Hugues et le comte Guigues III, jusqu'aux traités conclus par eux en 1099 et en 1116, aux termes desquels le comte rendit à l'évêque les biens ecclésiastiques qu'il possédait, lui donna la condamine de Corbonne et le tiers des droits de leyde perçus sur les marchés et foires de Montbonnot. Plus tard, la seigneurie de Montbonnot a appartenu à Auruce, maréchal du Dauphiné en 1255, puis à la grande Dauphine, Béatrix, veuve de Guigues VII. Louis XII créa quatre foires importantes à Montbonnot.

Le Pouillé de 1497 compte 14 feux dans la paroisse, dont l'église était consacrée à Saint-Nicolas *Montis Bonodi*, et un hôpital qui fut fondé; en effet, en 1433, par plusieurs membres de la famille d'Arces, Soffrey, Hugues et Jean, ce dernier archevêque de Tarentaise et cardinal, pour nourrir les pauvres et héberger les pèlerins. Aussi disait-on autrefois : « Charité d'Arces », comme « Prouesse du Terrail, Parenté d'Alle·

man ». Cet hôpital était situé à l'entrée du village, il
est occupé actuellement par une école de filles dirigée
par des sœurs congréganistes.

M. A. Prudhomme, archiviste de l'Isère, auteur
de *l'Histoire de Grenoble*, a établi par des pièces nombreuses que la peste frappait très fréquemment et avec
une terrible intensité la population de Grenoble. Le
Trésorier général du Dauphiné se retirait à Montbonnot, le Parlement aussi. La reine Anne de Bretagne,
qui accompagnait Louis XII en 1507, y séjourna en
avril, et sa fille Claude y fut atteinte d'une fièvre qui
mit sa vie en danger. Antérieurement, en 1494, Charles, fils du roi Charles VII, y était mort et on enterra
son corps dans le couvent de Ste-Claire, à Grenoble.

Le fort de Montbonnot fut pris par Lesdiguières et
repris par les ligueurs commandés par d'Albigny et
formant une petite armée de 4.000 hommes de pied, de
600 chevaux et de 6 pièces de canon, fournis par Charles-Emmanuel de Savoie. Il était défendu par 200 hommes et 2 canons. Les assiégés capitulèrent et sortirent
sans armes ni bagages. La ceinture de murailles et
les deux tours flanquées de guérites, qui constituaient
le fort, furent rasées en 1590, sur la demande même
du Conseil Consulaire de Grenoble.

Saint-Martin de-Miséré, *de Miseriaco*, dans lequel le
Pouillé de 1497 compte 32 feux, possédait un prieuré
très important, fondé par Saint-Hugues à la fin du
XIe siècle. M. Emmanuel Pilot de Thorey nous donne
dans ses *Prieurés* des renseignements intéressants
sur cet établissement. Les chanoines qui y résidaient
menèrent une vie si irrégulière que le pape Clément VII
mit, en 1393, ce prieuré sous la dépendance de la prévôté de Saint-Nicolas et de Saint-Bernard de Mont-

joux, diocèse de Sion. En 1431, le pape Eugène IV rendit à l'évêque de Grenoble la juridiction du prieuré, qui dépendit néanmoins de la prévôté de Montjoux jusqu'en 1627. Dès avant cette époque, les bâtiments avaient été dévastés pendant les guerres de religion ; l'évêque Etienne Le Camus y installa un séminaire dirigé par des prêtres du diocèse de Briançon, qu'il remplaça, en 1674, par des prêtres de l'Oratoire. L'éducation et l'instruction données par ces religieux attirèrent un grand nombre de jeunes gens de la noblesse et de la haute bourgeoisie. Voici dans quelles circonstances l'évêque créa cet établissement.

Il écrivit le 5 février 1673 à M. de Pontchâteau : « J'ai fini mes visites par celle d'un chapitre de mon diocèse, nommé Saint-Martin-de-Miséré, fondé par saint Hugues. Il y a plus de deux cents ans qu'on y vit dans la dernière licence, *cupientes profiteri*, sous la règle de saint Augustin, et ne faisant pas seulement celle du Décalogue. N'ayant pu les obliger à vivre en règle, je les ai fait consentir à souffrir que j'y établisse mon séminaire, si bien qu'en un instant je lui donne 4,000 livres de rentes, une belle église, je le mets au milieu d'une vallée où il y a bien à défricher, je vais bâtir trois corps de logis : un pour l'éducation des jeunes enfants, un pour les vieux prêtres sans bien et sans savoir, et un troisième pour la théologie à l'ordination. Il ne me manque plus que des ouvriers. Si vous trouvez en votre chemin quelqu'un qui eût dévotion d'aller en Chine, donnez-lui avis qu'il y a une Chine où ils auront autant à faire, bien qu'ils n'aient pas tant à traverser de pays. »

La famille de Miribel possède à Montbonnot un château dans lequel est né, le 14 septembre 1831, Joseph de Miribel, qui devint général, chef de l'Etat-Major de l'armée française et dont la mort a si douloureusement frappé la France en 1893. Son père, Arthur de Miribel, a été maire de Grenoble en 1842. Son grand-père, François de Miribel était, en 1793, adjudant général à l'armée du Rhin. Arrêté avec quelques autres officiers sur l'ordre des commissaires de la Convention, Saint-Just et Lebas, il fut incarcéré et ne fut relâché que grâce à l'intervention du général Desaix, qui avait servi sous ses ordres. Dans sa réponse au discours de réception de M. le comte Ludovic de Miribel, à l'Académie Delphinale (1897), M. Rey, inspecteur d'académie, nous donne un renseignement intéressant, celui de l'hospitalité que reçut à Montbonnot, chez M. François de Miribel, l'illustre Desaix se rendant en Italie, quelques semaines avant la bataille de Marengo, où il tomba si glorieusement.

De Montbonnot on peut se rendre au pont suspendu sur l'Isère et à Domène.

Propriétés à signaler : De Miribel, Chabert d'Hières, Daumas, Sorrel, de Bonne Savardin, Avéque.

Biviers

Biviers est bâti au-dessus de la route nationale, jusqu'au pied du Saint-Eynard, et compte 534 habitants.

Dans les anciens actes latins remontant jusqu'à 1100, nous trouvons le nom de ce village sous les formes suivantes : *Biveu, Biviacum, Viniacum*, et d'après le Pouillé de 1497, il y avait 30 feux dans la paroisse.

La dauphine Béatrix donna, en 1227, à l'église Saint-André de Grenoble, une terre qu'elle possédait à Biviers.

- Le beau château de Franquières a appartenu à une famille de ce nom dont plusieurs membres ont été conseillers au Parlement de Grenoble et portaient le titre de seigneurs du Châtelet, maison forte et terre situées dans la Plaine, près de la Ville. L'héritière de la famille de Franquières fut mademoiselle de Bressac, mariée au comte de Mac-Carthy, maréchal de camp, décédée en 1811, laissant un fils qui vendit toutes ses propriétés. Le château est actuellement à M. du Bourg, officier de dragons.

Sur la hauteur, à Mont-Bives, on voit un autre château, désigné autrefois sous les noms de Montbivol et de Montbivoz. C'était une maison forte ayant appartenu à la famille de Simiane de la Coste, dont un des membres, Jean, fut conseiller au Parlement en 1583, et un autre, François, président au Parlement, mort en 1683, portait les titres de seigneur de Bayard, de la Terrasse, Lumbin et Montbivoz. Il appartient actuellement à Mme la baronne de Polinière.

Le château de Servientin, situé près de la route et fort bien réparé par la famille Rallet, depuis de nombreuses années, tient son nom de la famille de Servient ou Servien, dont les membres ont porté le titre de seigneurs de Biviers et dont l'un fut le secrétaire d'Etat et diplomate Abel Servien (1593-1659).

Propriétés à signaler : Du Bourg, de Polinière, Rallet, Piraud.

Saint-Ismier

La commune de Saint-Ismier a une population de 1145 habitants ; elle en avait 1403 en 1866, mais nous allons constater partout la dépopulation des campagnes, même dans la belle vallée du Graisivaudan.

Elle existait déjà au temps de Saint-Hugues, et le Pouillé de 1497 comptait 80 feux dans la paroisse. L'église qui avait plusieurs chapelles fondées par Soffrey, Arthaud et Morard d'Arces, était consacrée à un saint pèlerin, nommé Ismier, mort dans ce village en revenant de Rome, et dont on célébrait la fête le 21 septembre.

C'est au mas d'Arces qu'on place généralement le berceau de la célèbre famille de ce nom, dont les membres ont figuré dans toutes les circonstances mémorables et combattu sur tous les champs de bataille de leur époque. La devise de cette maison était : « Le tronc est vert et les feuilles sont arses (brûlées) ». Nous avons déjà parlé du cardinal d'Arces ; nous aurons encore à citer d'autres membres de cette famille à propos d'événements passés dans la région. L'un d'eux, Antoine d'Arces, né vers 1475, eut une existence des plus singulières. Il fut le type du chevalier errant, allant lutter dans les tournois pour l'honneur et pour les dames, en Espagne, à Naples, en Angleterre, en Ecosse, où il était connu sous le nom de Che-

valier blanc, à cause de la couleur de son armure. Le
roi d'Ecosse, Jacques IV, le prit en grande amitié et
lui confia des fonctions importantes dans son
royaume. Au moment des guerres d'Italie, en 1508, il
combattit avec les Français et fut fait prisonnier plusieurs fois. Il retourna en Ecosse en 1512, fit des prodiges de valeur contre les Anglais à la bataille de Flo-
dow où périt le roi Jacques (1513) et, nommé gouverneur de Dumbar, il fut lâchement assassiné par des nobles jaloux de son autorité (1517). L'historien Aymar
du Rivail, qui connut le Chevalier blanc, rapporte qu'il
était de taille médiocre, mais qu'il avait de fortes
épaules.

En 1577 et 1578 se déroula, devant le Parlement de
Grenoble, un procès curieux à l'occasion d'un cerf
tué par des paysans à coups d'arquebuses près du
château d'Arces, au lieu dit Bois Piolioux. Jean d'Arces avait fait transporter le cerf chez lui en invoquant
le droit de chasse qu'il prétendait lui appartenir, droit
que lui contesta Etienne de Mantin, chevalier de l'ordre du roi, en sa qualité de seigneur de Montbonnot.
La question du droit de chasse était fort embrouillée
pendant le régime seigneurial ; mais ce débat nous
fournit la preuve qu'il y avait à cette époque des cerfs
dans la vallée de l'Isère.

Au siècle suivant, les d'Arces eurent un procès bien
plus retentissant contre l'avocat Gaspard Bouvier qui
s'était fait, à titre d'honoraires, consentir une donation des biens de la famille en 1630. Grâce à l'appui
d'un autre avocat célèbre, de Grenoble, Jean Guy Bas-
set, dont le plaidoyer nous a été conservé dans le
recueil de ses œuvres, la donation fut annulée par le
Parlement de Dijon, le 18 août 1637.

Plus tard, le domaine de la Tour d'Arces fut vendu à un conseiller au Parlement de Grenoble, Paul Aymon, et passa ensuite dans la famille de Sautereau. Il fut acquis en 1794 par François Berlioz, négociant à Grenoble.

On aperçoit encore, dans un endroit assez désert, la vieille tour en ruine de la famille d'Arces.

Près du ruisseau de Corbonne, dans une terre qui fut donnée à Saint-Hugues, comme nous l'avons vu, existait une maladrerie ou léproserie, mentionnée dans le Pouillé.

Dans la partie inférieure de la commune se trouve la Bâtie d'en bas, appelée aussi la Bâtie Champrond, Bâtie de l'Isère et encore Bâtie Saint-Nazaire, qui présente un aspect de vieille forteresse avec une grosse tour. Elle a eu, au début, les mêmes possesseurs que la Bâtie d'en haut, à Meylan. Au xiiie siècle elle passa à Oddon Alleman, de la famille des seigneurs d'Uriage, qui obtint du Dauphin, en 1240, la concession d'un droit de péage sur les bateaux et radeaux de l'Isère, puis aux d'Avallon, aux Commiers, aux Sassenage, aux Bourchenu. A cette dernière appartenait le premier président de la Chambre des Comptes, marquis de Valbonnais, célèbre historien du Dauphiné. La Bâtie fut vendue en 1714 aux religieux de Saint-Jean de-Dieu, de la communauté de Grenoble, dits Pères de la Charité. Le domaine de la Bâtie, d'une surface de plus de 90 hectares, appartient à l'Hôpital de Grenoble. De 1857 à 1882, il a été affecté, en partie, à une Ferme-Ecole, dirigée par M. Coche, qui y forma une pépinière de jeunes jardiniers et de cultivateurs. Sa disparition est fort regrettable. A côté de la Bâtie se trouvait un ancien bac, mentionné dès le xiiie siècle et qui a été remplacé par un pont suspendu sur l'Isère en 1873.

A l'extrémité de la commune se trouve le torrent de Manival dont le cône de déjections présente le plus triste aspect.

Le territoire de Saint-Ismier a produit beaucoup de vin avant le phylloxéra. Les replantations réussiront, espérons-nous, à ramener dans les vignobles la quantité et la qualité de ce crû fort apprécié à Grenoble.

L'église possède un portail roman du xi° siècle.

Il y a dans la commune un grand nombre de propriétés dont l'une surtout est fort connue comme ayant appartenu au général Marchand et au maréchal Randon.

Le général de division, Marchand, né à l'Albenc (Isère), en 1755, se distingua pendant les guerres d'Italie et d'Allemagne, fut créé par Napoléon I°r comte de l'Empire en 1808 et s'illustra pendant la campagne de Russie à la tête de la division des Wurtembergeois. Il habita, après sa retraite, à Saint-Ismier, dont il fut maire et où il mourut en 1851.

Son neveu, Randon, né à Grenoble en 1795, s'engagea à dix-sept ans, fit la campagne de Russie où il gagna l'épaulette de sous-lieutenant à la bataille sanglante de la Moskowa. Tout le monde sait qu'il acheva la soumission de la Kabylie, fut gouverneur de l'Algérie et longtemps Ministre de la Guerre sous le second Empire. En 1856, il fut élevé à la dignité de Maréchal de France. Il a laissé la très haute réputation d'un loyal et savant militaire et d'un remarquable administrateur.

Il a présidé pendant plusieurs années le Conseil général de l'Isère et séjournait pendant les sessions dans sa campagne de Saint-Ismier qu'il tenait de son oncle, et dans laquelle il est mort en 1871. Il avait fait élever en son vivant une petite chapelle en style mauresque à l'entrée de sa propriété qui est la plus belle de Saint-Ismier, et qui a été récemment vendue à M. Lillaz, entrepreneur.

Une autre propriété importante est celle qui a appartenu à M. Félix Faure, né à Grenoble en 1780, ancien pair de France, premier président de la Cour de Grenoble, puis conseiller à la Cour de Cassation, et décédé depuis longtemps.

Autres propriétés à signaler : Ragis, Guirimand, Jore, Berlioz, baron Cerise.

Saint-Nazaire

La commune de Saint-Nazaire, située au-dessous et loin de la route nationale, reçoit un véritable bienfait par suite du passage du tramway.

Sa population qui était en 1866 de 600 habitants est descendue à 462.

Son origine est aussi ancienne que celle des localités voisines. Il y avait un prieuré dont la liste des prieurs remonte en 1278. Ce prieuré était de l'ordre des Bénédictins et dépendait du prieuré de Saint-Laurent de Grenoble, fondé lui-même, en 1012, par Humbert d'Albon, évêque de cette ville. Parmi les prieurs, nous voyons figurer Hugues Hermion, de Quincieu, de Miolans, du Bonnet, de Piat-Longchamp-Dupré. Ce dernier, avocat et clerc tonsuré, abandonna ses droits en 1786 contre une pension de 600 livres. Le 2 mars 1791, les immeubles furent adjugés comme biens nationaux à Garcin Bourgeat, au prix de 44,900 livres.

Le Pouillé de 1497 mentionne 20 feux dans la paroisse de Saint-Nazaire et 14 à Clèmes, un des hameaux. Il y a eu à Clèmes une famille noble de ce nom dont on constate l'existence dans des actes de 1271, 1292, 1357 et 1359 du cartulaire d'Aimon de Chissé, et dont les biens passèrent à une très ancienne famille établie dans

la vallée du Graisivaudan et appelée Coni, Cogni, puis
Cognoz, dont plusieurs membres ont été des guerriers
renommés. Albert de Cognoz était, en 1291, un des dé-
fenseurs de la Terrasse ; Jacques combattit à Varey en
1325, Joffrey fut tué à Verneuil en 1424, Pierre se signala à Fornoue, en 1495, et Rodolphe à Pavie, en 1524.
En 1349, Dronet d'Entremont reçut diverses terres
dans la paroisse en échange du château du Touvet
qu'il céda au dauphin Humbert II.

Les vins de Saint-Nazaire sont fort réputés, surtout
celui des Ecoutoux.

Il y a plusieurs grandes propriétés dans cette commune. Au bout d'une belle allée de marronniers se
trouve celle de M. Jacquin, qui a appartenu à Jean
François Hilaire, avocat élu procureur syndic et
agent national du district de Grenoble de 1790 à 1795,
sous-préfet de Vienne en 1800, et préfet de la Haute-
Saône de 1804 à 1814. Créé baron de l'Empire par Napoléon, il reçut, à cette occasion, du bibliophile Gabriel Peignot l'opuscule suivant, daté de 1810 : « Am-
bassade des bartavelles de Dauphiné pour féliciter M.
Hilaire sur le titre de baron et sur la dotation qu'il
vient de recevoir de S. M. » Ses administrés, auxquels
il avait souvent vanté ses vignobles de Saint-Nazaire,
lui firent cadeau d'un tonneau colossal de 300 hectolitres qui fut rempli plusieurs fois. Le baron Hilaire
mourut en 1825, léguant tous ses biens à son filleul,
M. Jacquin, qui fit réduire le fameux tonneau à 180 hectolitres. Dans leur jeunesse, alors qu'ils étaient
élèves à la pension Ralianne, à La Tronche, les trois
frères Jacquin et cinq autres camarades imaginèrent
de faire un banquet dans ce tonneau, à l'intérieur duquel on dressa une table et des bancs. On passa par

le guichet et on s'installa pour faire honneur au diner.
Mais il avait fallu s'éclairer avec les anciennes lam-
pes à huile et des chandelles, si bien qu'avant la fin
du premier plat, nos jeunes étourdis suffoqués par la
fumée et par la chaleur durent déguerpir précipitam-
ment.

Sur la route nationale, au hameau des Eymes, commence le nouveau chemin vicinal montant sur le
plateau de Saint-Pancrasse.

Propriétés à signaler : Jacquin, Rouillon, Villeroy,
Devallée.

Voici un extrait du rare opuscule de Peignot, que
nous avons cité et qui fut publié sous le titre : *Ambas-
sade des Bartavelles* :

> ... *Ce peuple de demoiselles,*
> *Que l'on appelle Bartavelles,*
> *Trottant, courant de tous côtés,*
> *Pour savoir quelques nouveautés,*
> *Apprend que notre Prince auguste,*
> *Aussi magnanime que juste,*
> *Vient de joindre à votre écusson*
> *La noble toque de Baron ;*
> *Et, sans une obole en rabattre,*
> *D'ajouter à vos revenus*
> *Trois zéros précédés d'un quatre,*
> *Le tout payable en beaux écus.*
>
>   *A cette agréable nouvelle*
> *Toute la race bartavelle*
> *Lève le bec, agite l'aile*
> *En signe d'applaudissement.*

> *De toute part le nom d'Hilaire,*
> *Ce nom si chéri dans l'Isère,*
> *Vole, se répète à l'instant*
> *Et remplit la campagne entière.*
> Etc.

Les ambassadrices étaient quatre bartavelles renfermées dans un pâté fait à Grenoble et envoyé à M. le baron Hilaire, au milieu d'un repas, le 10 janvier 1810.

Bernin

Bernin, où le tramway rejoint la route nationale après la déviation de Saint-Nazaire, avait, en 1866, 1083 habitants réduits actuellement à 886.

Le Pouillé de 1497 y compte 50 feux et mentionne son prieuré dépendant, comme celui de Saint-Nazaire, du prieuré de Saint-Laurent de Grenoble. Parmi les prieurs on voit figurer depuis le xiiie siècle, Adon, Pilat, Marc, de Buffevent, de Bardonnenche, de Neuville, de Maximi. Les biens de ce prieuré furent adjugés nationalement, le 21 mars 1791, à Dumoulin et Cie, moyennant 14,000 livres.

Sur une éminence, au lieu dit La Veyrie, se trouvent une tour carrée très épaisse, des restes de murailles et un puits d'une grande profondeur. C'était La Véhérie ou château de Bernin, berceau d'une ancienne famille désignée sous les noms plus ou moins altérés de Bernin, Brenin et Bournin. Jean de Bernin fut archevêque de Vienne de 1221 à 1266, légat du pape et cardinal ; il se signala par de grands travaux à Vienne : palais de l'archevêché, église Saint-Laurent, pont sur la Gère et sur l'Ozon, hôpital, achèvement du pont du Rhône, etc. Son frère, Aymar, « homme tout d'or », dit le P. Fornier, historien des Alpes-Maritimes et Cottiennes, fut d'abord évêque de Saint-Jean-de-Maurienne, puis

4

archevêque d'Embrun, de 1236 à 1245. Le savant archiviste Pilot donne des renseignements très complets
sur les divers possesseurs de la Véhérie de Bernin,
les Falastier, Bernard Lombard, d'Arces, Marc, de
Ventes, de Vachon, de Vaujany. Vendue en 1743 à
Etienne Peyraud, bourgeois de Villard-Bonnot, elle est
passée ensuite à diverses familles et actuellement à la
famille Fayen.

Une autre maison forte, au pied de la roche, dans
une superbe position, près de la grande cascade,
existe à Craponoz, *in Craponensi villa*, depuis le
XIIIe siècle. On l'appelait le Mollard de Craponoz, et ses
possesseurs ont été les Montfort, les Cognoz, les de
Vachon, marquis de Belmont en Viennois. Vendue en
1790 à François Guttin, propriétaire à Bourgoin, elle
fut revendue par son fils, Emile Aristide, surnommé
Delphinal, parce qu'il prétendait, dans son originalité,
qu'il était resté dauphinois, les conditions sous lesquelles le Dauphiné avait été réuni à la France n'ayant
jamais été respectées. Elle fut acquise par M. Février,
père du général de division Février, ancien grand-
chancelier de la Légion d'honneur, qui l'habite pendant
la belle saison.

Les membres de la famille Terrail, à laquelle appartenait le célèbre Bayart, portaient, dans la branche
cadette, le titre de seigneurs de Bernin, et plusieurs se
signalèrent dans les batailles de Fornoue (1494), Marignan (1515), Pavie (1524), Pontcharra (1591). Dans cette
bataille gagnée par Lesdiguières sur le duc de Savoie,
David Terrail de Bernin fut ainsi célébré par Expilly :

Tel se montre Bernin recherchant d'égaler
Les gestes de Bayard dont son estoc tire.

Dans cette commune est né, en 1760, le général Bour-geat, baron de l'Empire, maréchal de camp d'artillerie, décédé à Strasbourg en 1827.

Un ancien chemin de montagne passant près de la cascade de Craponoz permet aux piétons de se rendre à Saint-Pancrasse. Tout le bas de la plaine est occupé par un bois et des broussailles appelé Bois-Claret, jusqu'à l'Isère, entre Bernin et Saint-Nazaire.

Propriétés à signaler : Février, Fayen, Comte.

Crolles

Crolles, où commence le canton du Touvet, n'a plus que 1167 habitants, après en avoir compté 1404 en 1866.

Son église, consacrée à saint Pierre, *Sancti Petri de Crollis*, offre encore un certain aspect et est entourée de vieux et beaux arbres. Le Pouillé de 1497 y mentionne plusieurs chapelles fondées par les familles nobles, Chastaing, Masson et Perrard. Il signale aussi un hôpital et compte 80 feux dans la paroisse.

Les membres de la célèbre famille de Beaumont, à laquelle appartenait Amblard Ier, le principal ministre du dauphin Humbert II et l'un de ses conseillers les plus actifs de la cession du Dauphiné à la France, portaient le titre de seigneurs de Crolles et de Montfort, qui passa plus tard au président Frère et aussi à la famille de Virieu.

Il y avait une Véhérie appartenant aux possesseurs de celle de Bernin, qui fut acquise au XIVe siècle par Jean Chastaing, dit Roger, notaire à Crolles, acquéreur aussi, en 1367, de divers biens et moulins appartenant à Amblard de Beaumont et situés sur le ruisseau de Craponoz. A cette Véhérie était attachée une maison forte, la Ranconière, désignée parfois, dit Pilot, sous la dénomination de « maison à fossés », et qui servait de fourrière aux animaux pris en dommages jusqu'au payement des amendes encourues.

A l'extrémité de la commune on voit les ruines du château de Montfort, près du ruisseau de ce nom. Une revision des feux en élection de Grenoble, en 1458, mentionne, à Montfort et à Crolles, des membres de la famille de Chalandière.

Au centre de Crolles se trouvent le grand parc et le château de M. de Bernis, qui renferma plusieurs tableaux du peintre grenoblois César Savoye, représentant les actions d'Alexandre le Grand, peints pour la marquise de Virieu sous Louis XIV, et, à la fin du bourg, le château Cornu appartenant à la famille Milanta.

Mais le souvenir le plus ancien et aussi le plus considérable de l'histoire locale de Crolles se rattache à la fondation de l'Abbaye des Ayes, par Marguerite de Bourgogne, veuve du dauphin Guigues IV, mort à La Buissière, à la suite des blessures qu'il reçut à l'attaque du fort de Montmélian (1142). Ce monastère de la règle de l'Ordre de Citeaux, appelé par le Pouillé de 1497 : *Unum venerabile monasterium monialium Ayarum*, était situé dans le hameau des Ayes, au-dessous de la route nationale. La fondatrice y a été enterrée, ainsi que sa fille. La vie de Marguerite, qui fut une princesse régente douée d'un grand sens politique, a été écrite en latin par Guillaume, chanoine de Grenoble, peu de temps après sa mort à La Mure, le 8 février 1163. Il raconte que pendant la marche du cortège accompagnant le corps de la Dauphine, il s'éleva une grande tempête dans la vallée du Graisivaudan, mais que le vent ne put éteindre, malgré sa violence, les cierges allumés sur le cercueil.

Mᵐᵉ Louise Drevet a écrit deux œuvres dramatiques et fort intéressantes sur cette époque de notre histoire et sur la cession du Dauphiné à la France : *Les Funérailles de la Dauphine* et *La dernière Dauphine Béatrix de Hongrie.*

M. Ed. Maignien a publié, en 1866, une notice sur l'Abbaye des Ayes, dans laquelle il donne une liste des abbesses et des religieuses plus complète que celle de Guy Allard ; nous y trouvons les noms des anciennes et célèbres familles dauphinoises : Alleman, Briançon, Arces, Beaumont, Granges, Cognoz, Fayet, Monteynard, Buffevent, etc... Des donations importantes en rentes, terres et pâturages, furent faites à l'Abbaye par les Dauphins et par les seigneurs de Montfort, de Crolles et autres. Le nombre des religieuses s'est élevé, suivant les époques, jusqu'à 30, et celui des frères convers et des sœurs jusqu'à 60, occupés au service de l'Ordre et à l'exploitation du domaine. Les religieuses s'y livraient aussi à l'éducation des jeunes filles. En 1546, celui qui allait bientôt devenir le terrible baron des Adrets, François de Beaumont, pénétra dans la nuit avec des hommes d'armes pour enlever sa sœur. « Je vous osterai la vie du corps », cria-t-il à l'abbesse. Le Parlement le condamna à des amendes pour ce méfait. Dans les guerres de religion qui suivirent, les bâtiments et l'église primitive furent dévastés. Plus tard, dans la nuit du 25 avril 1648, eut lieu un incendie considérable ; Louis XIV leva un impôt sur le sel en Dauphiné pour venir en aide aux religieuses qui purent construire une nouvelle église et réparer les bâtiments. Située en plaine, au bord des marais et des délaissés de l'Isère vagabonde dans cette région, l'Abbaye passait pour très malsaine et était exposée aux fièvres paludéennes. En 1720 le nombre des religieuses était de 30 et les revenus de l'Abbaye s'élevaient à 9,000 livres. Au moment de la Révolution, elle fut vendue comme bien national à divers propriétaires. La nef fut divisée en chambres et transformée en magnanerie. On voit encore quelques traces de peintures et d'ornements. Les grilles du chœur sont à l'église de Saint-Martin-d'Hères ; les statues et tableaux à celle de Vif ; les stalles à la chapelle de Notre-Dame-de-la-Salette à Grenoble, et une des cloches à l'église Saint-Louis. Dans une maison qui paraît avoir été la demeure de l'abbesse, il y a encore des inscriptions, armoiries et décorations, décrites par M. E. Maignien dans sa notice.

Au-dessus de la route nationale se trouve le Franier, hameau important de Crolles. Un chemin de grande communication et un pont suspendu sur l'Isère mettent Crolles en rapport avec le chemin de fer P.-L.-M. à la gare de Brignoud. La plaine est marécageuse malgré un canal de dessèchement et se trouve, par suite de l'insuffisance des digues, exposée aux inondations de l'Isère.

Un sentier très raide, appelé le Pal-de-fer, conduit de Montfort à Saint-Hilaire, situé au pied de la haute roche qui porte le nom de Dent-de-Crolles (2,066 mèt.), ou de Petit-Som, bien qu'il soit plus élevé que le Grand-Som (2,033 mèt.), au-dessus du couvent de la Grande-Chartreuse. La Dent-de-Crolles a donné aussi son nom à des carrières de ciment exploitées dans la région de Saint-Ismier et de Crolles.

Propriétés à signaler : de Bernis, Milanta, Esprit, Thévenet, Laurent.

Lumbin

La commune de Lumbin a été, entre toutes, la plus éprouvée par le phylloxéra, car son territoire comprend surtout des vignes et des marais; aussi sa population qui était en 1866 de 627 habitants est-elle descendue à 390.

Dans les chartes anciennes ce village portait le nom latin de *Lumbino*, et le Pouillé de 1497 y comptait 36 feux. Dans l'église une chapelle avait été fondée par le noble Michel Cassard.

Les Falastier, alliés des Brenin dont nous avons parlé, ont possédé des terres jusqu'au ruisseau de Lumbin, depuis le xiie siècle. Nous avons vu aussi que les Simiane de La Coste ont porté parmi leurs titres celui de seigneurs de Lumbin. Guy Allard signale qu'il y a eu à Lumbin une famille noble du nom de Gautier, finie en 1626. Pendant les guerres de 1710 et de 1711, le maréchal de Berwick et aussi, en août 1743, le comte Pierre-Emé de Marcieu, lieutenant général des armées du roi, organisèrent un camp à Lumbin pour se trouver à la fois à portée du Fort Barraux et de Grenoble, dans une position facile à défendre. Ce camp, en effet, avait sa droite appuyée à l'Isère, le front couvert par le ravin et le ruisseau, la gauche à la montagne et le village derrière le camp.

La montagne est là très près de la route, et de gros

blocs de pierre en sont tombés autrefois dans les vignobles qui ont eu la réputation de faire un vin potable en sortant de la cuve. Le hameau du Petit-Lumbin est situé au bord du ruisseau appelé du Carre ou de Lumbin qui descend, par des cascades, de la montagne et alimente une fabrique de ciment et une usine distribuant la lumière électrique dans les communes voisines depuis quelques années.

Du temps des messageries, le relai se trouvait à Lumbin.

Pendant les guerres de religion, c'est à Lumbin que le chef catholique de Gordes arrêta lui-même le 24 juin 1569, le terrible et sanguinaire baron des Adrets, qui était alors chef protestant.

Le 21 juillet 1809, le pape Pie VII amené d'Italie en France par ordre du gouvernement impérial fit halte à Lumbin où il logea dans la maison de M. le conseiller de préfecture Savoye, au bout de « l'Allée ». Le pontife séjourna ensuite à Grenoble, gardé à vue à la Préfecture, depuis le 21 juillet jusqu'au 2 août; c'est alors qu'il se promenait dans le jardin sur l'Allée des veuves que son image fut dessinée par un artiste grenoblois; ce portrait est même un des rares souvenirs du dernier passage d'un pape à Grenoble.

Propriétés à signaler: Dufay, Grand, Courtol, Sappey, Genard, Clément.

La Terrasse

La Terrasse a une population de 907 habitants; en 1866 elle en comptait plus de 1,200. Le gros du village se présente, en venant du côté de la Savoie, comme une vaste terrasse à laquelle on accède par une rampe très raide, appelée La Dérochat.

Son origine est fort ancienne et les inscriptions latines qu'on y a trouvées démontrent que ce bourg avait déjà une certaine importance du temps des Romains. Deux de ces inscriptions ont été relevées par les antiquaires et par les épigraphistes. L'une d'elles, placée contre le mur de l'église, actuellement dans la cure, provient d'un fragment d'autel qui permet de supposer qu'il y a eu un temple consacré à Mercure. Elle est ainsi conçue :

MERCVRIO

AVG

L DIVIVS RVFVS

EX VOTO

SLM

« A Mercure Auguste, Lucius Divius Rufus en accomplissement de son vœu avec reconnaissance ».

La seconde est sur une pierre carrée, placée dans une cour de la propriété Iweins; elle est ainsi conçue:

POMPEIA
LFIL
SEVERA
TPI

« Pompeia Severa, fille de Lucius, tombeau élevé en exécution de son testament ».

Il existe aussi sur le territoire de La Terrasse, et se continuant parallèlement à l'Isère et en plaine, sur les communes du Touvet, de Saint-Vincent-de-Mercuze, de Sainte-Marie-d'Alloix et de La Buissière, un chemin désigné depuis des siècles sous le nom de *Chemin de l'Empereur* dans toute la région, et qui occupe probablement le tracé d'une voie créée par les Romains pendant la durée de l'Empire et qui se reliait aux grandes routes traversant les Alpes.

Les archives départementales conservent plusieurs documents anciens relatifs à La Terrasse. Crozet cite notamment une pièce de 1231 d'après laquelle les seigneurs de l'ancienne famille de Briançon déclaraient tenir du dauphin André les châteaux de Gières et de La Terrasse, et une autre de 1294, par laquelle Eymeric, l'un de ces seigneurs, vendit le château et la terre de La Terrasse à Béatrix de Faucigny, qui en reçut l'investiture du dauphin Humbert Ier en 1297, et qui elle-même en fit don, en 1309, à Hugues Dauphin, seigneur de Faucigny, en même temps que des châteaux et terres de Montfort, de Montbonnot et de Montfleury. Ces terres revinrent dans la suite au domaine delphinal, et Humbert II, suivant acte conservé en la Chambre des Comptes du 8 novembre 1337, inféoda le château de La Terrasse en faveur de Dronet de Vaulx, qui lui avait abandonné ses droits sur le château et la terre de Beauvoir de-Marc.

Pendant les guerres entre les Dauphins et les comtes de Savoie, La Terrasse servit de champ de bataille aux armées rivales. En 1291, elle fut assiégée par le comte de Savoie, Amédée V le Grand, mais vigoureusement défendue par le châtelain Hugues d'Arces, Albert de Cognoz, Guigues Alleman, Guillaume de Guiffrey, Pierre de Bérenger, les de Bressieu, les de Granges, etc .., le comte fut obligé de lever le siège. Dans sa retraite il perdit beaucoup d'hommes et pour se venger il brûla Barraux.

En 1365, l'empereur Charles IV qui se rendait à Avignon, auprès du pape, logea dans la maison de Jean Mayarc, à La Terrasse, et, en récompense de son hospitalité, il l'anoblit. Plusieurs membres de cette famille Mayarc se distinguèrent dans les batailles de Verneuil (1424) et de Fornoue (1495). Un mas de terre sur Lumbin et La Terrasse, désigné au cadastre sous le nom de Mayard, provient probablement de cette famille.

Dans la famille de Fay, deux de ses membres : l'un, Godemar, tué à la bataille de Verneuil (1424), et l'autre, Antoine, à celle de Fornoue (1495), portaient le titre de seigneurs de La Terrasse. La terre revint après la mort d'Antoine au domaine delphinal. Le gouverneur créa, en 1567, une foire à La Terrasse et à Lumbin.

La liste des feux de l'élection de Grenoble comprend, en 1458, à La Terrasse, les nobles suivants : Aymar Berlioz, Richard Genton et Antoine d'Arces. Nous retrouvons les noms de ces deux premières familles,

ainsi que ceux des Mayarc et des Ysoard, dans le
Pouillé de 1497, comme fondateurs ou patrons de chapelles de l'église. de La Terrasse, et Aymar Mayarc,
comme fondateur d'un hôpital. Ce précieux registre
nous apprend aussi qu'il y avait alors 70 feux, et que
l'évêque y avait une vigne appelée La Chalin.

François de Simiane de La Coste, mort président au
Parlement en 1683, portait parmi ses titres nombreux,
que nous avons déjà cités, celui de seigneur de La
Terrasse.

L'église, qui est en fort mauvais état, aurait eu,
d'après une tradition, pour curé, saint Apre ou Aure,
dont la fête est célébrée le 4 décembre.

Il y a plusieurs hameaux sur cette commune : celui
du Carre, près du ruisseau de ce nom, ayant un ancien
château divisé entre plusieurs propriétaires et ayant
appartenu à la famille de Sautereau qui compta plusieurs membres au Parlement et à la Chambre des
Comptes de Grenoble ; celui de Lachat, des Combes et
de Montabon dans les vignes ; celui de La Mure, des
deux côtés de la route nationale, et ceux de l'Eglise et
de Chonas, en dessous. Dans l'intérieur du village,
près du ruisseau, les maisons ne laissent à la route
qu'une largeur si minime que le tramway n'y aurait
pu passer sans procéder à la mise à l'alignement de
nombreuses constructions.

Une route conduit au pont suspendu sur l'Isère et à
Tencin où l'on peut visiter le beau Parc et Bout-du-
Monde, très pittoresque, de M. le marquis de Monteynard. De Tencin on peut monter aussi dans l'une des
plus belles communes des montagnes de la rive
gauche, celle de Theys. Tencin est une gare du chemin de fer P.-L.-M.

A La Terrasse on trouve un chemin carrossable conduisant, par de nombreux lacets, à Saint-Bernard, à Saint-Hilaire et à Saint-Pancrasse.

Le château féodal de La Terrasse, situé sur une éminence à la sortie du village, est entièrement ruiné ; quelques pans de grosses murailles restent seuls debout. Il y avait aussi un autre château sur le chemin montant à Saint-Bernard, ayant appartenu à la famille noble de Villeneuve, dont l'un des membres, François de Villeneuve, seigneur de Burlet, fut contraint, en 1767, de laisser en gage et hypothèque son domaine de la Gorge à Laurence Teisseire, de Grenoble.

Entre les ruines du vieux château et La Frette se trouve, dans les vignes, le hameau des Combes, dont toutes les constructions ont été abandonnées, il y a quelques années, à la suite d'un glissement de terrain qui les avait toutes ébranlées et déchirées (1).

Propriétés à signaler : Ricci, Gayet, Graff, Plaisançon, Pison, Julian, Chauten, Chevrier, Maron, Andru, Iweins (cette dernière, construite par M. Guillet, dans une situation superbe, est admirablement plantée).

---

(1) M. V. Brunet, ancien directeur d'école à Grenoble, qui habite La Terrasse, en été, a écrit une brochure intéressante sur la vallée du Graisivaudan, en 1888.

Le Touvet

Le Touvet, chef-lieu de canton, n'a plus qu'une population de 1384 habitants, après en avoir possédé une de 1,625, en 1866.

Il est construit, sur près d'un kilomètre de longueur, des deux côtés de la route nationale qui présente une rampe trop forte pour la traction du tramway.

Pendant longtemps, les constructions avançaient sur la route et ne lui laissaient qu'un passage étroit sur un pavé glissant. Mais, de 1845 à 1870, des mises à l'alignement ont rendu presque partout sa largeur normale à la route. Sur le côté gauche, les chemins de la Charrière, des Fourneaux et de la Perrière forment des rues, les autres hameaux, le Vivier, le Mollard, la Bayette, la Conche, la Combe, la Frette et Montabon sont plus éloignés du centre du bourg.

L'origine du Touvet remonte certainement à une époque ancienne. A différentes reprises, on a trouvé des monnaies et des objets gallo-romains. J'ai signalé la découverte dans une tranchée du tramway, au Mollard, d'une tombe en grandes tuiles romaines bien conservées, renfermant des ossements et de petits vases funéraires (*Le Dauphiné* du 9 octobre 1898). Je me rappelle aussi que lorsqu'on a construit la nouvelle mairie, on a mis à jour une fosse d'assez grandes dimensions, formée d'un ciment extrèmement dur ; c'était vraisemblablement un *horreum* dans lequel les Romains conservaient le blé. Enfin, comme nous l'avons déjà dit, le Chemin de l'Empereur, d'origine romaine, traversait tout le territoire du Touvet.

Quant à son nom, voici comment nous le trouvons écrit dans les cartulaires de Saint-Hugues remontant à l'an 1100 et dans le Pouillé de 1497 : *Tovetum, Thovetum* et *Thouvetum.*

Le Pouillé compte 86 feux dans la paroisse de Saint-Didier du Touvet, *sancti Desiderii de Thouveto*, et il signale qu'il y a dans l'église une chapelle des seigneurs de Beaumont et une autre du Purgatoire ; une chapelle à Saint-Michel-du-Mont (dépendant actuellement de la commune de Saint-Bernard) ; un prieuré de l'ordre de Cluny ; un hôpital et une maladrerie avec une chapelle, fondés par les seigneurs de la Bayette, dans les prés de Goncelin. En 1775, le revenu de l'hôpital du Touvet était de 204 francs.

Plusieurs documents appartiennent à l'histoire du Touvet.

F. Crozet, dans son histoire de l'Isère, cite un acte d'échange conservé en la Chambre des Comptes, passé en 1298 entre Béatrix de Faucigny et l'évêque Guillaume, d'après lequel cet évêque lui donna le fief que tenait de lui Chabert de Briançon au Touvet, depuis la Buissière jusqu'à la Terrasse, et reçut d'elle les droits qu'elle possédait sur Saint-Pancrasse et sur Saint-Hilaire. Un autre acte du 5 mai 1334 contient donation par le dernier dauphin Humbert II à son célèbre conseiller Amblard de Beaumont dont nous parlerons ci-dessous de tout le domaine delphinal de la paroisse du Touvet avec sa juridiction, le tout en augmentation du fief de Beaumont et à charge d'hommage

qu'Amblard lui rendit avec Dronet d'Entremont, co-
seigneur du Touvet et qu'il renouvela au dauphin
Charles, petit-fils du roi Philippe VI, au moment de
la cession du Dauphiné à la France (1349). Dronet
d'Entremont échangea, de son côté, la même année,
son château et sa terre du Touvet avec Humbert II
qui lui remit différents biens sur les paroisses de
Saint-Nazaire, Clèmes et Bernin. Après la mort de
Dronet sans enfants, ses biens revinrent par droit de
main-morte au dauphin Charles qui, par lettres pa-
tentes du 24 novembre 1350, les donna à Aynard de
Bellecombe.

La Chambre des Comptes eut à s'occuper des difficultés qui s'élevèrent entre Amblard de Beaumont et
Dronet de Vaulx pour les limites avec la Terrasse, en
1330 et 1340, et aussi au sujet du droit de juridiction
que Amblard réclamait sur la Terrasse (1373). En 1380,
le châtelain de Morêtel intenta aussi un procès contre
Aynard de Bellecombe, châtelain du Touvet, et François de Beaumont, seigneur de la Frette qui, de leur
autorité privée, avaient fait planter des limites entre
leurs terres et celles du Dauphin.

Des Bellecombe la seigneurie du Touvet passa à
Guiffrey de Boutières, comme on le verra ci-dessous,
et, en 1671, Louis XIV érigea la terre de Boutières et
du Touvet en marquisat, en faveur de Guy Balthazard,
Emé de Saint-Jullien, seigneur de Marcieu.

Le prieuré qui a existé au Touvet a une origine fort
ancienne.

D'après un manuscrit latin (Bibliothèque nationale,
collection Moreau, t. XXXIII, p. 146), ce prieuré a été
fondé, en 1082, par un membre de la famille de Beaumont. De l'ordre de Cluny, comme celui de St-Pierre-

5

d'Allevard plus important, il dépendait de ce dernier. M. Emmanuel Pilot de Thorey nous fait connaître, dans ses Prieurés de l'ancien diocèse de Grenoble, les noms des prieurs du Touvet depuis l'année 1359 : Alleman Gilbert, Hugues Morard, Henri de Beaumont, Jean de Rive, Pierre de la Porte, Louis Roux, J. Roux, Laurent Nicoud, Gaspard Pardessus, Laurent Nicoud, Claude-André de Marnais de la Roussilière, François de Michel, Jean Antoine de Lolme, Antoine Courrière, François-Octave de Barral et, en dernier lieu, Vernière. L'un de ces prieurs, Laurent Nicoud, par testament de 1687, donna à treize pauvres deux aunes de serge, d'autres donnèrent une livre et demie de pain à distribuer à tous les pauvres, trois jours par semaine pendant le carême.

Le prieuré qui comprenait un domaine près de l'église, a été adjugé nationalement, le 17 mai 1791, à un sieur Tirard, moyennant un prix de 46,100 livres. Depuis lors, il a été morcelé entre divers acquéreurs.

La Bayette est située sur une éminence, au milieu des vignes. Son nom, ainsi que l'a démontré le savant archiviste Pilot père, vient d'un vieux mot qui, comme celui de véhérie, signifie, veiller, faire le guet. C'était une maison forte possédée, dès le xvie siècle par la famille de Theys, une des plus anciennes et des plus riches de la vallée du Graisivaudan, et dont plusieurs membres se sont signalés dans les batailles de Varey (1225), de Verneuil (1424), de Fornoue (1495), de Marignan (1515). Quelques-uns ont porté le titre de seigneur d'Herculais. Pierre de Theys, lieutenant du baron des Adrets, en 1562, est connu dans les guerres de religion sous le surnom de capitaine La Coche, mort assassiné en 1569, après les batailles de Jarnac et de

Montcontour. Un autre Pierre de Theys, seigneur d'Herculais, lieutenant de Lesdiguières, vendit, en 1601, la Bayette à Jean d'Arces de Réaumont, seigneur de la Tour-de-Domène et cette vente comprenait un domaine de plus de 26 hectares, la maison forte, une grande tour carrée à trois étages, une tour ronde à deux étages surmontée d'un donjon servant de colombier. Vendue plus tard à Jean-Louis de Monteynard, elle fut revendue par celui-ci, en 1716, aux Cordeliers de Grenoble qui y construisirent une grange en remplacement de l'ancienne tombant en ruines. Les Cordeliers avaient pour fermier en 1765, Jacques Buissard qui payait 1,300 livres de fermage et diverses redevances, notamment en bon vin de vigne estimé à cette époque, 12 livres la charge (1 hectolitre). Vendue comme bien national, la Bayette a, depuis 1791, changé plusieurs fois de propriétaires et subi des morcellements. On voit encore des fenêtres d'une époque ancienne, mais les bâtiments modifiés et réparés en vue de la culture n'offrent plus de cachet. Une belle fontaine d'eau excellente coule à l'entrée.

Au-dessous de la Bayette, une tour d'origine ancienne attenant à une grosse construction plus récente, porte le nom de Mollard. M. le curé du Touvet Crozat qui a écrit une notice fort intéressante sur le célèbre Guigues Guiffrey, chevalier de Boutières, compagnon de Bayard et vainqueur de Cérisoles (1544) émet l'opinion que ce vaillant homme de guerre est né vers 1492, au Mollard et qu'il n'habita que plus tard le château du Touvet. Ce qu'il y a de certain, c'est qu'il recueillit la succesion de Philippe de Bellecombe, seigneur du Touvet, titre qu'il porta depuis lors. Il était marié à Gasparde Berlioz, de famille noble du Graisivaudan. Il eut à soutenir contre la famille de Beaumont des procès que le Parlement trancha en sa faveur. Sa fille Joachime épousa, en 1558, Guy Balthazar de Monteynard, auquel elle apporta les terres de Boutières et du Touvet, qui passèrent plus tard, par mariage, à la famille Emé de Saint-Jullien, dont l'un des membres reçut le titre de marquis de Marcieu. Ce fut dans le château du Touvet que Lesdiguières et Marie Vignon firent bénir, le 16 juillet 1617, leur union, par Guillaume d'Hugues, archevêque d'Embrun.

Le château du Touvet possédé par la famille de Marcieu qui compte parmi ses membres des lieutenants généraux et des gouverneurs de Grenoble, appartient actuellement à M. le marquis Henri de Marcieu, chef d'escadron de cavalerie, breveté de l'école supérieure de guerre De loin, cet édifice avec sa belle avenue, ses hautes terrasses et ses tours détachées, a fort grand air. Un château d'eau dans le parc rappelle en petit celui ce Saint-Cloud. On y accède par un pont sur un large réservoir, au-delà duquel se trouvent la cour d'honneur et les bâtiments dont quelques-uns ont conservé des parties d'un château plus ancien.

Au-dessus de la porte d'entrée, un écusson renferme les armoiries de la famille et la croix de commandeur de l'ordre de Saint-Louis avec sa devise *Bellicæ virtutis præmium* qu'obtint, en 1787, Pierre-Emé de Marcieu, gouverneur de Grenoble et du Graisivaudan jusqu'au moment de la Révolution.

A l'occasion de cette décoration, les grenadiers du régiment de royal-marine-infanterie se rendirent au Touvet où le marquis les reçut à diner, et, particularité curieuse, recueillie par J.-J.-A. Pilot (Statistique

générale III), ce fut le sergent Bernadotte qui devint
maréchal de France et roi de Suède et de Norvège, qui
lui adressa un compliment en vers que voici :

Si la langue était un outil
Qu'on maniât comme un fusil,
Mon général, en bon langage
Nous te ferions un compliment.
Mais nous n'avons pour tout partage
Qu'un cœur, bon pied et bonne dent.
Des grenadiers, voilà l'hommage !
Sur leurs bons cœurs tu peux compter,
Leurs pieds, si le combat s'engage,
Sur tes pas sont prêts à voler.
Quant à leur dent, elle est oisire ;
Elle est pourtant, n'en doute pas,
Une arme toujours destructive.
Quoiqu'on n'en fasse pas grand cas.
Essaye notre savoir faire
Et tu verras que les enfants,
Etant à table avec leur père,
Sauront se servir de leurs dents.
A ton cordon nous venons boire,
Marcieu, tu nous feras raison ;
Quand tu nous menais à la gloire,
Nous t'avions tous pour compagnon.

Le grand salon est orné des portraits des membres
de la famille de Marcieu.

Dans le hameau de la Frette, situé entre la Terrasse
et le Touvet, se trouve, converti en cellier et en grange,
le château où naquit et mourut François de Beaumont,
baron des Adrets (1513-1586) dont les cruautés pen-

dant les guerres de religion ont laissé peser sur sa
mémoire une triste célébrité (1). Tout tremblait à
l'ouïr de son nom, dit Brantôme, et on le craignait plus
que la tempête qui passe par de grands champs de
blé. Il descendait de la branche de la Frette de la célèbre famille de Beaumont, dont l'un des membres,
Amblard de Beaumont, savant jurisconsulte, a été le
conseiller le plus intime du dernier dauphin Humbert II, et a tenu un rôle prépondérant lors de la création du Conseil Delphinal, de l'Université de Grenoble
et de la cession du Dauphiné à la France (1349). Le
dauphin combla Amblard de bienfaits et de faveurs et
lui donna la terre du Touvet en 1334. La famille de
Beaumont possédait un château fort sur un roc élevé
au-dessus des bois dont il reste quelques ruines dont
nous parlerons plus loin. Le domaine de la Frette
avait une étendue considérable notamment en vignes
excellentes et fécondes. Il appartenait au moment de
la Révolution à la famille de Marcieu, et il fut acheté
par la famille Ducruy et plus tard par la famille Jouvin. Avant le phylloxéra, on y récoltait plus de 800
hectolitres de vin. C'est sur la route de la Frette au
Touvet que l'ambassadeur de Savoie rencontra le baron des Adrets, alors fort âgé et retiré dans son château. Il mit pied à terre pour le saluer et s'informer de
sa santé. « Dites à votre maître, répondit le baron,
que vous avez trouvé le baron des Adrets, son très
humble serviteur, dans un grand chemin, avec un

---

(1) Voir ma notice sur le *chevalier Bayart et le baron des Adrets*,
Grenoble, Xavier Drevet, éditeur.

bâton blanc à la main et sans épée, et que personne
ne lui demande rien. »

Le bourg du Touvet est bien construit et propre, ses
eaux de source sont excellentes et abondantes; l'église,
la mairie, la justice de paix et les écoles sont de construction récente, ainsi que l'installation de l'éclairage
électrique.

Le peintre Eugène Durand qui a fait beaucoup de
portraits en Suède, en Russie, et dans le pays, à son
retour vers 1848; son frère, le capitaine Durand, sous-
lieutenant dans l'héroïque défense de Mazagran sont
morts au Touvet à un âge avancé; le président Sestier
y est né en 1813 et y est mort en mai 1898, après avoir
été conseiller général du canton pendant 29 ans, secrétaire de ce conseil pendant 26 ans, président à la
Cour d'appel de Grenoble, et l'un des fondateurs, avec
Frédéric Taulier, de la célèbre *Association alimentaire*
de Grenoble dont il a été président pendant plus de 20
ans et jusqu'à sa mort qui a causé d'unanimes regrets.
Son gendre, le Dr Gaston Carlet, professeur à la Fa-
culté des Sciences de Grenoble, auteur classique dans
les sciences zoologiques, le précéda dans la tombe du
Touvet, à l'âge de 48 ans (1892). Le général Eugène
Dumont, ancien commandant de corps d'armée, originaire du Touvet, par la ligne maternelle, y a été
aussi enterré (1892). Le célèbre dominicain, le P. Henri
Didon, est né au Touvet, en 1840, où son père, mort
jeune, était huissier et jouissait de la considération
générale, et sa mère, décédée à un âge avancé, était
une femme de tête et d'une figure intelligente et éner-
gique. Son fils nous en rappelle absolument les traits.

Le Touvet est placé dans une situation exception-
nelle au point de vue des promenades, courses et

excursions à faire sur son territoire et dans ses environs. Elles sont extrêmement variées, grâce aux étages successifs de coteaux où l'on trouve des vignobles, des prairies, des bois, des chemins et des sentiers nombreux d'où la vue est merveilleuse, sans monter à plus de 400 mètres d'altitude. Si l'on veut atteindre le plateau de la montagne de Saint-Bernard et de Saint-Michel (1,000^m), des sentiers s'offrent aux touristes, soit par la Gorge de Bresson, soit par la côte au-dessus de Beaumont, soit encore par le passage des Gruaux muni d'une rampe de fer, au-dessus de la cascade du ruisseau de la Terrasse à Gleyze, et aussi une nouvelle route carrossable jusqu'à Saint-Bernard.

En cinq heures, on peut se rendre du Touvet à la montagne pastorale de l'Haut du Seuil dont nous parlerons plus loin, et de là, descendre sur Saint-Pierre-d'Entremont, ou revenir dans la vallée du Graisivau-dan par l'Alpette de Madame, Valfroide, l'Alpe et Ste-Marie-du-Mont.

Une bonne route conduit du Touvet à la gare de Gon-celin P.-L.-M. à moins de 3 kilomètres et après avoir franchi l'Isère sur un pont suspendu. Nous croyons donc que le Touvet attirera les visiteurs et les amateurs de villégiature. Qu'il s'y fasse de bons hôtels et des pensions convenables. Qu'on imite le regretté maître d'hôtel, Monnet, né au Touvet, et qui a eu une véritable renommée à Grenoble et à Uriage. Grâce au tramway et avec un peu d'initiative, le Touvet sera bien vite connu et fréquenté, car sa situation est privilégiée entre toutes dans la splendide vallée du Graisivaudan.

Nous indiquons ci-dessous les principales prome-

nades à faire au Touvet, celles de Beaumont et du torrent de Bresson.

Propriétés à signaler : Ramboud, Jouvin, Aman,
Dumont, Bouzoud, Charlon, Monnet, Chevrier, Plaus-
su, Sestier, de Marcieu, Gautier, E. Charlon, Chion,
Raffin, Dutrait, Manificat.

Les Châteaux de Beaumont et de la Frette

Il faut à peine une heure pour se rendre du Touvet à Beaumont. C'est une des promenades les plus ravissantes que l'on puisse faire dans la vallée du Graisivaudan. On monte par de beaux coteaux de vignes, on passe sous de gros châtaigniers et l'on trouve l'ancienne fontaine qui servait aux besoins du château. De là, on s'engage pendant quelques minutes dans un sentier pierreux, recouvert par les arbres, et l'on débouche dans un vallon admirable C'est une longue prairie, entourée de bois de tous côtés et dominée à gauche par les ruines de Beaumont. Du sommet du roc, situé à 300 mètres environ au-dessus du niveau de l'Isère, la vue est splendide. Le Touvet étale en serpentant sa longue rue bordée de maisons blanches aux toits rouges. La plaine, large de trois kilomètres, ressemble à un vaste jardin traversé par la rivière dont l'œil suit le cours jusqu'aux montagnes des Bauges, dans la direction de Montmélian et d'Albertville. Au pied de la montagne de Brame-Farine, on aperçoit, sur la rive gauche, Pontcharra, la tour d'Avallon et le château Bayart, puis, en se rapprochant, Goncelin, Tencin et toute la suite de charmants villages situés le long de la route de Goncelin à Grenoble. Au-dessus s'élèvent les hautes montagnes du Gleyzin, des Sept-Laux, de Belledonne et

de la Grande-Lance, formant un rideau d'une majesté
incomparable. Les ruines du château auront bientôt
disparu; elles avaient encore, il y a une trentaine
d'années, un aspect saisissant. Çà et là étaient restés
debout, dans des poses hardies, de hauts pans de
murs, noircis par les orages, découpant le bleu du
ciel en silhouettes capricieuses et pittoresques. Il ne
reste debout qu'une cheminée de forme élégante, en
pierre de taille et avec deux colonnes à facettes, et un
grand mur ayant encore une meurtrière.

C'était bien là une forteresse, *castellum*, placée
pour commander la route, observer et défier toute
attaque, un véritable nid-d'aigle.

L'habitation de la famille de Beaumont se trouvait
plus bas, au hameau de La Frette, sur une éminence
dégagée d'où la vue est aussi fort belle. Deux bâtiments existent encore et servent de celliers et de
caves. Ils ont encore des murs d'une grande épaisseur
et quelques fenêtres à croisillon en pierre. On voit les
restes d'une terrasse et d'un réservoir en pierres de
taille, sur le bord duquel s'élevait, avant l'ouragan du
4 octobre 1888, un marronnier dont le tronc mesurait
près de six mètres de circonférence à un mètre du sol.
C'est dans ce château de La Frette que naquit et
mourut le baron des Adrets, François de Beaumont
(1513-1586).

Le Torrent de Bresson

Une promenade à la cascade et à la gorge du torrent de Bresson est à recommander à tout visiteur de passage au Touvet. Grâce à un chemin muletier, frayé récemment pour l'exploitation d'une forêt considérable, cette course n'est ni pénible, ni dangereuse. Ce torrent de Bresson, c'est l'ennemi. Que de ravages il a commis dans sa chute furieuse depuis la montagne jusqu'à l'Isère, roulant avec fracas beaucoup plus de pierres que d'eau et transformant en une crau stérile des hectares de terrains cultivés en vignes, treillages, noyers et mûriers. Torrent non encore éteint et toujours menaçant. Si, du pont de Bresson, on remonte le lit du torrent, on ne trouve que de gros cailloux arrondis et polis, parsemés çà et là d'énormes blocs de pierre, puis, en pénétrant dans la gorge, on ne rencontre plus qu'un immense chaos de fragments gigantesques de roche, entassés les uns sur les autres, prêts à se mettre en mouvement. Entre les montagnes de Saint-Michel et de Bellechambre, il n'y a qu'un passage étroit, dominé par un banc de rocher d'où tombe la cascade d'un des affluents de Bresson, qui, lui-même, coule au pied de ce rocher. C'est par ce défilé qu'a passé autrefois un éboulement colossal de la montagne qui a mis à nue, sur plus de 600 mètres de haut, la grande roche verticale qui ferme la gorge et qui est le prolongement de la crête de l'Haut-du-Seuil. Les déjections de ce cataclysme ont formé, au delà du défilé du torrent, un cône très renflé qui s'étend jusqu'à l'Isère. Depuis lors, en temps de pluie ou de dégel, les parois de ce vaste entonnoir composé de cailloux et de terres mouvantes tombent morceau par morceau, dévastent les propriétés inférieures et menacent presque jusque dans leurs constructions les habitants du Touvet et de Saint-Vincent-de-Mercuze. Contre ce Titan redoutable, les habitants, nouveaux Sisyphes, cherchent à se défendre au moyen de murailles pélasgiques sans cesse détruites, sans cesse relevées.

Au dessus de la cascade l'aspect de la gorge et de la forêt de Bresson est fort sauvage. C'est une solitude sombre et silencieuse. Les bois y possèdent une vigoureuse végétation; dans l'Enversin le soleil n'y pénètre jamais. Il y a de profonds couloirs creusés par les eaux et par les pierres; l'un d'eux porte le nom de Grand Canal. En temps orageux, le bruit des eaux et des blocs qui se précipitent sur des pentes d'une rapidité effrayante, fait retentir toute la montagne d'un vacarme terrifiant. C'est absolument fantastique, et nul endroit, en Dauphiné, ne conviendrait mieux pour placer la scène de la chasse infernale du Freyschütz.

Avant d'arriver à la cascade de Bresson, on trouvera en abondance des cyclamens parfumés et de magnifiques chardons très décoratifs dans les appartements.

Saint-Vincent-de-Mercuze

La commune de Saint-Vincent-de-Mercuze, qui comprend depuis plusieurs années l'ancienne commune du Montalieu, a une population de 651 habitants.

Son origine remonte certainement à l'époque romaine, car, à diverses reprises, on a trouvé sur son territoire des monnaies romaines, notamment en 1870. En défonçant un champ, un propriétaire a mis à jour un vase en poterie rouge, contenant 304 pièces, dont 54 en argent et un bracelet en argent non fermé et semblable à des bracelets de ce genre trouvés à Goncelin et dans les lacustres du Bourget. Quand ces monnaies furent soumises à l'examen de M Gustave Vallier, plusieurs. peut-être les plus rares, avaient été déjà distribuées aux uns et aux autres. L'habile numismate a établi que ces monnaies étaient, à part quelques-unes, d'une banalité désespérante, se rapportaient à 33 empereurs romains ou impératrices, et qu'elles avaient été frappées de 196 à 377 de notre ère. Elles n'en sont pas moins d'une antiquité respectable dans notre pays Le chemin de l'Empereur, dont nous avons déjà parlé, traverse le bas de la commune de Saint-Vincent, non loin du lit occupé autrefois par l'Isère.

Quant au nom de Saint-Vincent-de-Mercuze, nous le trouvons dans une charte du temps de saint Hugues

(1080-1132), ainsi indiqué : *Ecclesia Sancti Vincentii de Malcusia*, et, dans le Pouillé de 1497, de *Malcusa*, d'où est sorti le nom actuel de Mercuze. Ce document compte dans la paroisse 120 feux et dit qu'une chapelle de Sainte-Catherine était due à une famille noble appelée Ansard.

Nous avons vu précédemment que le dauphin Humbert II avait reçu en échange de Dronet d'Entremont, en 1349, la terre du Touvet, qui fut ensuite donnée, en 1350, par le dauphin Charles à Aynard de Bellecombe. Une copie, que je possède, délivrée le 5 novembre 1448, d'un acte passé le 17 janvier 1361, révèle un fait curieux sur cette région. Toute la partie comprise entre le ruisseau de Bresson et le ruisseau d'Alloix, appelée « entre deux rifs » dans cet acte, avait appartenu aux seigneurs d'Entremont, dont l'un, Dronet, « avait grevé les habitants de plusieurs tributs in« justes et absurdes, et leur avait imposé des usages « auxquels ils n'étaient pas tenus et des droits des « quels ils se disaient libres avant que d'être sous la « main dudit Dronet ». Après la donation faite à Aynard de Bellecombe, ces habitants adressèrent au dauphin une requête pour être affranchis « de tous les sordides tributs que Dronet d'Entremont leur avait imposés », mais qui ne sont pas, à notre grand regret, mentionnés dans cette requête. Ils obtinrent gain de cause, et le 17 janvier 1361, Aynard de Bellecombe, chevalier, seigneur de Montalieu et de la maison forte du Touvet, jura solennellement « par les « saints Evangiles de Dieu, de maintenir les hommes « et personnes quelconques de la communauté et « mandement du Touvet, existant entre deux rifs, et « de les conserver dans les coutumes, libertés,

« franchises et immunités dont jouissent et doivent
« jouir ceux de la ville et mandement de la Buissière. »
Nous verrons bientôt que le valeureux dauphin,
Guigues VIII, avait, en 1325, affranchi les habitants de
la Buissière de tous péages, gabelles et autres tributs.

Il reste de l'ancienne église dont l'accès était des
plus pénibles, un vieux clocher qui domine le village
et sous lequel a été renfermé le cœur du vaillant
marin et savant explorateur, Ernest Doudart de la
Grée, mort dans le Yun-Nan, à Long-Thouan, le
12 mars 1868.

Sa famille, d'origine bretonne, était venue en Dauphiné où l'un de ses membres a été procureur à la
Chambre des Comptes de Grenoble, à partir de 1774.
Elle possédait un domaine et une maison dans un site
très pittoresque, près du ruisseau. C'est là que naquit,
en 1823, le célèbre explorateur, dont nous nous sommes
rappelé bien souvent, en famille, la grande distinction
et les charmantes conversations.

Le grand-père de mon père, le président Sestier,
était petit-fils de Claude Andru et de Melchionne de
Lagrée, mariés le 24 avril 1728.

Tout à côté, la famille de Marcieu a exploité pendant
longtemps un haut fourneau pour la fonte de ses mi-
nerais des montagnes d'Allevard qui étaient transpor-
tés à dos de mulets jusqu'au bac du Cheylas sur
l'Isère, et, de là, à l'usine qui a cessé de fonctionner
depuis la vente des mines faite au Creusot dans ces
dernières années. Un grand nombre de grandes plaques de cheminées portant les noms des propriétaires
et placées dans les maisons des communes des environs proviennent de la fonte de ce haut-fourneau.

Une lettre de Louis XV, datée de 1727, conservée

aux archives départementales, maintient Laurent-Joseph-Emé de Guiffrey de Monteynard, comte de Marcieu, marquis de Boulières, gouverneur de la ville et de la citadelle de Grenoble et du bailliage de Graisivaudan, au droit de faire exploiter des fourneaux à couler la gueuse dans sa terre de Saint-Vincent-de-Mercuze.

Il y avait aussi de l'autre côté du ruisseau un vieux château-fort avec terrasse, pour lequel François du Puy, dit de Bellecombe, rendit hommage au dauphin Louis, et dont la famille de Marcieu avait commencé la restauration, mais qui sert actuellement de maison fermière.

Une cheminée du château a une plaque en fonte sur laquelle figurent en relief les armoiries de la famille célèbre des Prunier, seigneurs de Saint-André, de Virieu, de la Buissière et de Bellecombe, avec la date de 1741, représentant une tour donjonnée et crénelée, surmontée d'une belle devise : *Turris mea Deus* (Ma forteresse, mon refuge, c'est Dieu!)

En 1369, Antoine de Bellecombe, seigneur du Touvet, albergea aux habitants de Saint-Vincent le bois des Côtes. Les seigneurs de Bellecombe possédaient aussi très anciennement des moulins, battoirs et autres artifices sur le ruisseau.

Le paysage, à Saint-Vincent et au Montalieu, est absolument délicieux ; des chemins, nombreux et variés, bordés de noyers, traversent des champs bien cultivés, des prairies, des vergers garnis de poiriers et de pommiers, et partout de grosses fontaines à l'eau fraîche et limpide. La gorge du ruisseau de Montalieu ou de l'Alloy, avec ses gros blocs, ses cascades et ses moulins, est ravissante. Dans le village les constructions se réparent. C'est un pays de choix pour la villégiature. Sur le bord du ruisseau se trouve aussi la maison où est né l'éminent et vénéré chanoine Rey, ancien vicaire général.

En une heure et demie on peut se rendre au hameau de Bellechambre, entre la gorge de Bresson et celle de l'Alloy. Un bon chemin en construction y conduira bientôt, et, comme sur l'ancien, on aura une vue admirable sur la vallée, sur les Alpes, sur la Savoie et sur le Mont-Blanc.

Un autre chemin carrossable conduit à Sainte-Marie du-Mont, en passant près de la haute cascade de l'Alloy et sous un tunnel. Cette course demande deux heures d'ascension et elle procure autant de plaisir que celle de Saint-Bernard, à laquelle elle ressemble beaucoup.

Propriétés à signaler : de Marcieu, Poulet, Guillaudin, Rogat, Tardy, Pelloux, Bonaimé, Ducurtil, Rey.

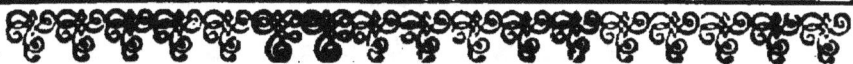

Saint-Bernard

Saint-Bernard, qui est composé de plusieurs hameaux, a une population de 401 habitants.

Un double chemin carrossable partant, l'un de la Terrasse et l'autre du Touvet, et se rejoignant à moitié distance, monte à cette commune au moyen de nombreux lacets, car il faut atteindre une altitude de près de 1000 mètres. Il continue de là sur St-Hilaire et sur Saint-Pancrasse, où il rejoint le chemin récemment créé du côté de Grenoble, près du torrent du Manival.

Ces trois communes sont dans une situation bien exposée au soleil levant, et abritée, du nord, par les hauts rochers de la Dent-de-Crolles et de l'Haut-du-Seuil. La vue sur la vallée et sur les Alpes, en face, y est incomparable.

Saint-Bernard possède une église nouvelle depuis quelques années. Son ancienne église existait déjà du temps de Saint-Hugues, et le Pouillé de 1497 comptait 30 feux dans la paroisse. Il y avait même un prieuré établi par les religieux de Saint-Martin-de-Miséré, et nous voyons les noms de ses prieurs, Anselme et Albert de Royn, figurer dans des actes de 1217, 1218 et 1231. Dans les redevances perçues dans la paroisse, le miel est mentionné.

A Saint-Michel, qui a dépendu autrefois du Touvet,

et où le pouillé comptait 8 feux, se trouve encore une chapelle abandonnée, placée sous des hêtres gigantesques et au milieu d'un paysage grandiose.

Des fruitières se sont établies dans la commune pour la fabrication du beurre et du fromage.

Saint-Bernard est depuis quelques années fréquenté par les touristes ; des familles y ont même passé une partie des vacances. Ce joli pays de montagne est bien fait pour attirer les visiteurs. Il a de belles forêts louées par la Société la *Saint-Hubert*, du Touvet, qui y chasse le lièvre, la bécasse, la gelinotte et le coq de bruyère.

Saint-Bernard est la halte de ceux qui se rendent à l'Haut-du-Seuil.

L'Haut-du-Seuil

En deux heures on peut se rendre du Touvet à Saint-Bernard ou à St Michel, et de là, en trois heures, on atteint la Porte de l'Haut-du-Seuil, après avoir gravi les sangles de la roche colossale qui s'élève au-dessus des grandes forêts communales de Saint-Bernard. La Porte a été taillée dans le roc, et les Chartreux de Saint-Hugon, à qui les pâturages de la montagne avaient été donnés très anciennement, y avaient placé une porte, dont on voit encore les gonds, afin de retenir le bétail et l'empêcher de se précipiter dans le gouffre profond qui existe tout à côté. De là, on descend au chalet à travers les rhododendrons, les pins aroles, les gazons et les mousses aux mille fleurs qui forment une mosaïque éclatante de couleur et d'un parfum enivrant. La montagne appartient à M. le Marquis de Marcieu, mais les communes du Touvet et de la Terrasse ont le droit d'y faire paître leur bétail pendant la belle saison. Les herbes aromatiques de cette région alpestre donnent au beurre un goût exquis. Avant la destruction des sapins pour alimenter autrefois le haut fourneau de Saint-Vincent-de-Mercuze, l'aspect de la montagne était ravissant ; aujourd'hui, l'entourage des pâturages est bien gris et trop dénudé.

Du chalet, on peut gravir une pente très raide,

aboutissant à la seconde pointe de rocher, celle la plus rapprochée de la Savoie, appelée Grande Lance de Malissart (1918 ᵐ), où se trouve une fente, sorte de créneau gigantesque, d'où l'on aperçoit les montagnes de la Grande-Chartreuse, le Grand-Som, le Guiers, Saint-Pierre-d'Entremont et le Rhône. A quelques mètres de cette fente se trouve une inscription latine bien gravée, d'origine ancienne et incorrecte portant sur deux lignes les lettres suivantes :

HOCVSOVII

AVIIORVM

relative soit à un endroit consacré aux moutons, soit à une délimitation (1).

Par un temps clair, le panorama que l'on a avant de passer la Porte est incomparable : les Alpes, jusqu'au Cervin et au Mont-Rose, le Mont-Blanc, le Gleyzin, les Grandes-Rousses, l'Etendard, Belledonne, l'Obiou, etc., et au-dessous de soi, la vallée et l'Isère, à dix-huit cents mètres de profondeur.

De l'Haut-du-Seuil on peut se rendre à la Dent de Crolles, descendre au Trou du Glaz, passer le col de Bellefonds, visiter les sources du Guiers-mort, ou bien encore en suivant le berceau de l'Haut-du-Seuil, aller à l'Alpette de Madame, descendre à la grotte du Guiers vif et à St-Pierre-d'Entremont; ou bien enfin, remonter par Valfroide au col de l'Arc à l'Alpe, et redescendre

----

(1) Voir, au sujet de cette inscription, nos articles et les réponses qui y ont été faites dans *Le Dauphiné* des 10, 17, 24 et 31 janvier 1892.

par les Prés, Sainte-Marie-du-Mont, Saint-Vincent et
le Touvet. Mais ce sont là de grandes excursions
qu'il est très pénible d'effectuer en une journée.

Ces noms de Som, de Bellefonds, d'Haut-du-Seuil,
se trouvent dans des chartes anciennes, se rapportant
aux pâturages de ces montagnes et qui datent de 1120,
de 1250, de 1342, 1400 et 1414, etc., sous les désigna-
tions latines suivantes : *del Sum, Belli Fontis, in Alpe
Suellïo, ad montem Alti Solii.*

Signalons, à titre de curiosité, que des albergements
insérés dans les registres de la chambre des Comptes
de Grenoble, le 10 juillet 1526 et le 17 février 1536, ont
été faits au profit du diocèse de Grenoble pour les
mines d'or, d'argent et autres, pouvant se trouver
dans les montagnes de l'Alpette, de l'Arc, d'Entremont, de la Chartreuse et de Bellecombe.

Saint-Hilaire

Saint-Hilaire qui a une population de 326 habitants, a une origine aussi ancienne que celle de Saint-Bernard. Le pouillé de 1497 y comptait 34 feux.

Il y avait aussi un prieuré remontant à l'époque de Saint-Hugues, dans les dernières années du XIe siècle, et qui fut transformé en maison de plaisance où les évêques de Grenoble venaient passer une partie de l'été ou même s'y réfugier lorsque la peste sévissait dans la ville. Un de ces évêques, Aimon Ier de Chissé, fondateur de l'hôpital Notre-Dame, mourut à un âge très avancé dans le château de St-Hilaire, le 23 décembre 1427. La mistralie de St-Hilaire rapportait aux évêques, outre des revenus en argent, du froment, de l'avoine, des volailles, des fromages et un certain nombre de corvées (1).

Les religieuses de la célèbre abbaye des Ayes avaient des droits sur les forêts et les pâturages de St-Hilaire et de St-Pancrasse, et l'histoire a mentionné des

---

(1) L'évêque et les seigneurs d'Entremont eurent des difficultés à propos de la jouissance des terres à Saint-Hilaire, les archives de l'Isère conservent les pièces d'un procès intenté en 1442 par l'évêque contre ce seigneur dont les officiers avaient poursuivi et condamné à des amendes des habitants de la paroisse qui avaient coupé des bois.

démêlés, quelquefois sanglants, qui eurent lieu entre les bergers de l'abbaye, les représentants de l'évêque et les habitants du pays. Le parlement ordonna une délimitation au moyen de pierres surmontées de croix, et, en 1460, il frappa d'amendes les montagnards délinquants. Depuis lors, les religieuses de l'abbaye des Ayes purent jouir paisiblement de leur propriété jusqu'à la Révolution.

Nous avons signalé qu'un sentier très mauvais, appelé le Pal de Fer, mettait en communication Saint-Hilaire avec Crolles, au hameau de Montfort.

Saint-Pancrasse

Saint-Pancrasse qui a une population de 261 habi-tants et où le pouillé comptait 29 feux en 1497, a la même histoire que les deux communes de St-Hilaire et de St-Bernard.

Ces trois communes méritent des éloges pour les sacrifices énormes qu'elles se sont imposés pour arriver à se créer des voies de communication carrossables avec la plaine. Elles ont senti depuis longtemps que c'était l'avenir pour elles.

Le dernier chemin effectué près du Manival est d'une grande hardiesse et il a fallu percer plusieurs tunnels dans la roche.

St-Pancrasse est visité par les touristes et par tous ceux qui font les classiques excursions du Trou du Glaz, des sources du Guiers mort et de la Dent de Crolles (2066m), ou qui se rendent à la Grande Chartreuse par les cols du Coq et des Ayes.

Ces communes des Petites Roches forment la plus belle terrasse que l'on puisse désirer pour y contempler sans fatigue préalable et pénible l'idéal panorama de la vallée du Graisivaudan.

Pendant un voyage que je fis en Algérie, au commencement de 1870, je vis un joli petit village, Fouka, à 40 kilomètres d'Alger, près de la mer et de Coléah, créé et habité presque entièrement par des montagnards originaires des communes des Petites Roches.

Sainte-Marie-d'Alloix

Cette commune est située sur la route nationale que le tramway quitte au pont de Bresson pour se diriger sur Saint-Vincent-de-Mercuze. Elle a une population de 254 habitants, après en avoir compté 335 en 1866.

Le chemin de l'Empereur passe dans le bas du territoire, non loin de l'Isère. Je possède un petit buste en marbre un peu mutilé représentant une impératrice romaine et une autre petite tête en pierre d'une jeune femme à cheveux ondulés. Ces deux têtes ont été trouvées toutes deux enfermées dans une niche, dans une maison située près du ruisseau de l'Alloy. Je pense qu'elles avaient été murées au moment des guerres de religion. Les anciens légionnaires romains avaient fréquemment chez eux de ces petits bustes d'empereurs ou d'impératrices.

Le nom d'Alloix ou d'Alloy est tiré de l'ancienne désignation donnée aux montagnes pastorales qui font la suite de celles de la Dent de Crolles et de l'Haut-du-Seuil et qu'on appelait l'Alpe Aloianne, *Alpum Aloiane*, dans des actes remontant déjà à l'époque de saint Hugues (1080-1132). En 1343, Santarel, homme lige du seigneur d'Entremont rendit hommage au dauphin Humbert II, pour les terres et les bois que son maitre possédait à Sainte-Marie-d'Alloix.

Le pouillé de 1497 nous apprend que l'église de

Sainte-Marie-d'Alloix, *Beate Marie d'Alloy*, était située dans le décanat de Savoie, qu'il y avait une chapelle de Saint-Jacob, fondée par le noble Jacob Bérenger et que la paroisse avait 22 feux.

Sur le bord de l'Isère, près du confluent du ruisseau de l'Alloy, il y a eu depuis des temps très anciens un bac qui mettait en communication avec le Cheylas. Il a beaucoup servi au moment de l'exploitation du haut fourneau de la famille de Marcieu qui possédait aussi une ferme considérable dans la commune de Sainte-Marie-d'Alloix, récemment vendue en différents lots.

La petite église est située dans une jolie position au milieu des vignes. Elle a bien besoin de restauration. Elle a eu pour curé, il y a déjà longtemps, M. de Roffiac, qui possédait une galerie de tableaux remarquable de l'école italienne et un Christ en ivoire d'une rare beauté. M de Roffiac est décédé, je crois, dans la Drôme.

Propriétés à signaler : Gérente, Palluel, Oisel, Ramboud, Guillaudin, Richard, Bernard, Virard, Beurriand, Monnet, Revol, Sorrel.

Sainte-Marie-du-Mont

Cette commune de montagne est composée de trois petits villages, Sainte-Marie-du-Mont, les Prés et St-Georges qui ont ensemble une population de 207 habitants.

Elle a un bon chemin pour la desservir et nos vaillants montagnards peuvent depuis plusieurs années, comme ceux de Saint-Bernard, de Saint-Hilaire et de Saint-Pancrasse, descendre leurs produits qui consistent en bétail, foin, bois et pommes de terre, et remonter chez eux du vin, de l'épicerie, de la chaux et autres marchandises.

Malgré leur altitude (1,000 m environ) et les affreux chemins d'autrefois, ces villages sont d'origine ancienne. Les petites églises de Sainte-Marie-du-Mont, de Saint-Georges et de Saint-Marcel existaient déjà du temps de Saint-Hugues (1080-1132). Le pouillé de 1497 comptait 28 feux dans la paroisse de Sainte-Marie-du-Mont et 20 feux dans celle de Saint-Georges et de Saint-Marcel. Dans cette dernière, le pouillé signale l'existence de deux rares reliques, les têtes de Saint-Georges et de Saint-Marcel, que visita, en 1494, le pieux évêque de Grenoble, Laurent 1er Alleman, oncle de Bayart.

Le paysage est superbe dans cette région qui ne manquera pas d'attirer les touristes et les alpinistes.

Au pied de la grande roche se trouve une caverne composée de trois parties peu considérables, appelée le Trou-de-la-Rousse, qui sert d'abri aux moutons pendant l'été. La grande forêt qui est au-dessous appartient à l'Etat et porte le nom de forêt du Boutat.

On passe à Sainte-Marie-du-Mont et aux Prés lorsqu'on monte aux pâturages de l'Alpe qui, après avoir appartenu aux anciens seigneurs, aux Chartreux de Saint-Hugon, ne dépendent plus à présent que des communes qui composaient l'ancien mandement de la Buissière et qui y entretiennent des chalets où se fabriquent le beurre et des fromages.

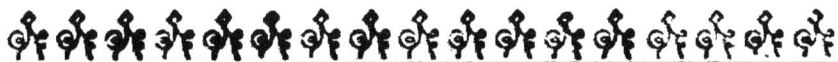

L'Alpe et le Trou du Râgne

Au hameau des Prés, commune de Sainte-Marie-du-Mont, on prend le chemin pierreux qui conduit le bétail en été dans les pâturages de l'Alpe où se trouvent plusieurs chalets pour la fabrication du beurre. En moins de deux heures on atteint Pré Orsa dans une grande forêt. Il y avait là, avant l'annexion de la Savoie, une cabane de douaniers, près d'une source excellente. De cette halte, on monte par des lacets jusqu'au col de l'Arc qui a la forme d'un arc gigantesque et qui, dans les anciens titres, portait le nom de *de Arcu*. Pendant cette ascension de plus d'une heure on a une vue splendide sur le massif d'Allevard, sur les montagnes de la Savoie et sur le Mont-Blanc. Arrivé au col, on laisse à gauche le défilé de Valfroide conduisant à travers les rochers à Saint-Pierre-d'Entremont. Une pierre taillée portant d'un côté une fleur de lis et de l'autre une croix sert de délimitation entre la France et la Savoie. En continuant droit devant soi, on descend par une pente gazonnée où pâturent plus de 200 vaches aux clochettes sonores, on arrive à un chalet près duquel se trouve le Trou du Râgne, la grande curiosité de l'Alpe. Le sol du plateau pastoral est mouvementé; on y rencontre des vallons, des collines, de petits cirques, des pierres nues et des sapins. Dans l'un de ces cirques s'ouvre du haut en bas une excavation semblable à une grande porte, complètement entourée de sapins jetés çà et là, en guise de barrière pour garantir le bétail d'une chute dans le trou. En approchant du bord, on aperçoit à une douzaine de mètres de profondeur, une espèce de bas-fond incliné, rempli de neige et de pierres et aboutissant à une fissure assez large, formant un gouffre noir sur le côté droit. Ces pierres sont celles qui n'ont pas été lancées avec assez de vigueur pour pénétrer dans la fissure. On en a jeté de telles quantités, depuis tant d'années, qu'il faut aujourd'hui s'en approvisionner à une certaine distance. Si l'on réussit à faire tomber la pierre dans le trou noir, on entend résonner, avec grand bruit et à diverses reprises, chaque coup frappé contre les parois de ce puits de la roche.

On raconte des choses bien extraordinaires sur le Trou du Râgne : des animaux, des hommes y seraient tombés, et leurs débris en seraient sortis aux sources du Guiers-Vif, à quelques kilomètres de là. Une exploration périlleuse, dans le genre de celles faites par M. Martel, pourra dévoiler le secret de ce Trou.

En montant au Pinet, on a une vue très étendue sur la plaine du Rhône vers Lyon. A la suite de l'Alpe se trouve l'Alpette de Chapareillan dominée par le Granier et l'on peut descendre sur Bellecombe et Chapareillan.

La Flachère

La Flachère, après avoir eu 349 habitants en 1866, n'en compte plus actuellement que 288.

En 1494, l'évêque de Grenoble, Laurent Ier Alleman, oncle de Bayart, constata qu'il n'y avait à la Flachère qu'une petite chapelle sous le vocable de Notre-Dame-de-Lorette. Comme le Montalieu, La Flachère devait faire partie de la paroisse de Saint-Vincent-de-Mercuze. Il y a depuis longtemps déjà une église très insignifiante.

Guy-Allard signale qu'il y avait, en 1400, une famille noble de ce nom, de laquelle étaient Guionnet et Pierre de la Flachère et dont les sœurs Guigonne et Artaude furent les héritières. La première fut mariée à Jean Darbon de Montalieu et l'autre à Pierre Morel, tous deux gentilshommes. Le célèbre Salvaing de Boissieu créa au profit des pauvres de La Flachère une fondation pour distribuer du blé.

La Flachère est sur un beau plateau riche en cultures variées, vigne, tabac, chanvre. etc... Le passage du tramway est un avantage considérable pour cette commune. Avant d'arriver à la station d'où la vue est superbe, c'est le point culminant du tracé (423^m), on remarquera un bois de gros chênes et d'énormes châtaigniers.

Un très bon chemin descend de la Flachère à La Buissière située sur la route nationale et dont le territoire comprend le petit hameau du Boissieu sur le chemin de la Flachère à Barraux, suivi par le tramway de Chapareillan.

Propriétés à signaler : Rey, Pabioud, Mollaret, Vical, Souton, Charpin.

La Buissière

La Buissière a une population de 580 habitants, après avoir été de 789, en 1866. C'était autrefois un pays important, ayant un château delphinal et un nombre considérable de maisons nobles. Il est peu d'endroits en la province du Dauphiné, dit Guy Allard, aussi agréables, aussi fertiles, et c'est la raison pour laquelle le mandement de la Buissière a été le séjour de plusieurs familles nobles et de grand nombre de gentilshommes. Une des parties du village actuel porte encore le nom de ville, en souvenir de cette ancienne prospérité.

Quant au nom de Buissière, nous le trouvons du temps de saint Hugues (1080-1132) ainsi écrit *Buxaria* et dans le pouillé de 1497, *Buxeria,* du décanat de la Savoie, avec un nombre de 50 feux et une église consacrée à saint Jean-Baptiste, contenant plusieurs chapelles dues aux nobles Fugier, Cassard, Savoye, de Granges, Salvaing, Coct, Bacquelier, Morel. Le pouillé cite encore une chapelle de Sainte-Anne, une autre de Saint-Sébastien près du château fort, un hôpital avec une chapelle de Saint-Jacob et, hors du bourg, une petite maladrerie ou léproserie, qui a laissé son nom au mas appelé au cadastre la Maladière.

L'ancienne église qui était située dans la première partie de la Buissière a été démolie et une nouvelle église a été édifiée, il y a plus de trente ans, entre les deux groupes d'habitations de la commune, en face de la gorge du Boissieu. Un peu au-dessus, s'élève la construction récente de la mairie et des écoles.

Plusieurs évènements importants se sont passés à la Buissière. Guigues IV dit Guigues Dauphin, le premier qui adopta ce surnom, couvert de blessures au siège de Montmélian, fut rapporté en son château fort de la Buissière où il expira bientôt après (1142). Sa veuve, Marguerite de Bourgogne ramena son corps à Grenoble, exerça la régence et fonda l'abbaye des Ayes.

Crozet cite divers documents intéressants que nous retrouvons dans les archives de la Chambre des Comptes. En 1252 les habitants reconnaissent qu'ils étaient hommes liges du Dauphin qui, en récompense de leur fidélité, leur donna en 1298 des droits sur la forêt d'Alloix, moyennant une légère redevance annuelle. En 1325, le jeune Dauphin Guigues VIII, vainqueur à Varey (Bugey), les affranchit à son tour, de tous péages, gabelles et autres tributs, ce qui leur constitua un privilège très rare à cette époque et qui leur fut confirmé dans la suite par les rois de France, Louis XI, Charles VIII, François Ier, Charles IX et Henri IV.

Une information du 4 mars 1339 relate que le bourg de la Buissière était entouré de murailles et que son mandement était composé des paroisses suivantes :

La Buissière (162 feux), Barraux (194 feux), Saint-Marcel (63 feux), Sainte-Marie du Mont (44 feux), Saint-Vincent et la Flachère (100 feux) et Sainte-Marie-d'Alloix (43 feux). Ce mandement avait une étendue de 6 lieues en circuit. Il comprenait entre autres la forêt de

Servette, dans laquelle les dauphins autorisèrent plusieurs fois des coupes de bois de construction pour réparer des maisons. Des difficultés s'élevèrent au sujet des limites du domaine delphinal avec Guillaume de Montbel, seigneur d'Entremont et le dauphin Humbert II et se terminèrent par des traités (1345-1346) Elles recommencèrent quelques années après, et le 31 août 1396, un arrêt du Conseil delphinal fixa les redevances à payer au seigneur d'Entremont par les gens des châtellenies de la Buissière et de Bellecombe qui envoient leurs bestiaux paître sur les montagnes qui dominent la Buissière, Bellecombe, le Touvet et la Terrasse.

En 1433, il se passa à la Buissière un fait que l'inventaire des archives départementales relève ainsi : Procès-verbal constatant que noble Gaiot Prunelle, bailli du Grésivaudan, se rendit à la Buissière, sur le bruit qui courait que des malfaiteurs avaient coupé nuitamment le gibet delphinal dudit lieu auquel étaient pendues deux femmes, condamnées à mort par Jean Charron, licencié ès lois, juge mage du Grésivaudan, et fit rétablir un nouveau gibet avec quatre piliers auquel on suspendit une seconde fois les cadavres des deux suppliciées pour affirmer le droit de haute justice du dauphin (25 avril 1433.)

Le même recueil énonce un rôle d'une taille de 306 florins 6 gros, imposée sur le mandement de la Buissière pour sa part contributive dans le subside de 45.000 florins votés par les Etats du Dauphiné sous Louis XI pour la formation d'une armée destinée à faire le siège de Calais, seule et dernière ville de France, encore au pouvoir des Anglais. Mais Calais resta encore près d'un siècle entre les mains de l'ennemi et ne fut repris qu'en 1558, par François, duc de Guise, le Balafré, qui fut gouverneur du Dauphiné, sous Henri II.

On a relaté dans une notice publiée en 1896, par M. Choulet, sur le château de la Buissière, les noms des châtelains depuis l'année 1281, parmi lesquels figurent des membres des familles nobles de Rivoire, Beaumont, Falavel, Bellecombe, Granges, etc.

En 1528, François Ier fit don des terres et seigneuries de la Buissière, de Bellecombe et d'Avallon, à Geoffroy Tavel, seigneur des Granges, chevalier, son conseiller et ambassadeur près la ligue Grise, en récompense de ses services, de ses blessures graves, et des pertes par lui subies dans la guerre d'Italie, où il avait été fait prisonnier et contraint de payer pour sa rançon une somme de 5000 écus. Un inventaire dressé au moment de la prise de possession constate qu'il existait dans le château 2 pièces d'artillerie, 2 couleuvrines 22 arquebuses, 1 serpentine, 8 hallebardes et 3 barils de poudre. A la mort du donataire arrivée en 1540, le domaine reprit la propriété. Le même roi concéda en 1528, un marché le mardi de chaque semaine et deux foires l'une à la Saint-Sébastin (20 janvier) et l'autre le premier jour de l'année.

Pendant les guerres de religion, Pierre de Theys dit le capitaine La Coche, lieutenant du baron des Adrets, guerroya avec succès dans le pays d'où il ne put être délogé. Sous Charles IX, le lieutenant général Simiane de Gordes, à cause des troubles et de la guerre civile, qui désolaient la région, ordonna la démolition du château delphinal dont les matériaux furent vendus en 1573, suivant une procédure faite par Charles de la Colombière, conseiller, maître ordinaire en la

Chambre des Comptes. Le château était situé sur une éminence à l'extrémité du village d'où l'on a une vue superbe sur la vallée de l'Isère et sur les montagnes voisines et même sur le Mont Blanc. Quelques pans de murailles soutiennent encore la plateforme du château du côté du ravin du ruisseau de la Ville.

Quant aux terres qui composaient le domaine, elles commencèrent à être vendues en partie sous François Ier et Henri II par les commissaires royaux. Le premier acquéreur fut, en 1543, Gilbert Coyffier, auditeur en la Chambre des Comptes, qui subrogea, en 1546, en ses droits Artus Prunier, trésorier général des finances en Dauphiné. Sous Louis XIV, Laurent de Prunier, baron de Saint-André, président du Parlement, augmenta les acquisitions et prêta hommage au roi, en 1647, sous réserve de rachat. En 1749, Louis XV fit mettre en vente le domaine, la seigneurie et le mandement de la Buissière ainsi que la terre de Bellecombe qui furent adjugés à Pierre Darbel. Mais après un long procès qui dura douze ans, Nicolas de Prunier, marquis de Virieu, fit maintenir les droits de sa famille. Le domaine passa ensuite dans la famille de Marcieu dont une fille épousa le marquis de Bourdeille. Ses héritiers ont vendu ce qui restait de la propriété appelée de la Crosse, le 10 juin 1891, à M. Albert Raymond, industriel à Grenoble, originaire de la Buissière.

D'autres familles célèbres dans la noblesse du Dauphiné ont habité ou possédé des terres à la Buissière, les d'Arces qui avaient la vigne fameuse dans la vallée sous le nom de *Vigne des Capitaines* dont le vin est le meilleur du Grésivaudan, et dont la replantation vient d'être achevée par M. de la Chapelle ; les Morard dont

l'ancien château a été restauré par la famille Camand,
dans la première partie de la Buissière appelée les
Granges, nom qu'a porté une famille très célèbre dont
on disait « la bonté des Granges ». Ses membres se
sont signalés sur les champs de batailles. Lantelme et
Guigues des Granges combattirent contre Amédée le
Grand, comte de Savoie en 1291; Chabert et Pierre des
Granges, à Varey, (1325); Jean fut tué à Verneuil (1424)
Termoz, à Montlhéry (1465); Pierre et Jean firent la
guerre en Italie en 1495 ; Barthélemy se distingua à
Ravenne (1512) et Gabriel à Cérisoles (1544). Elle por-
tait : d'azur au lion d'or.

La famille Cassard, qui compta parmi ses membres
François, archevêque et cardinal de Tours, mort à
Lyon, en 1237, d'une chûte de cheval, possédait à La
Buissière une habitation sur la porte de laquelle se
trouve encore une tête de licorne sculptée qui consti-
tuait ses armoiries (Maison Marcellin Richard, à la
Ville).

Le château et la terre du Boissieu, hameau de La
Buissière, situés au sommet du côteau, entre La Flachère et Barraux, ont appartenu à Denis Salvaing de
Boissieu, premier président de la Chambre des Comptes
de Grenoble, poète et savant jurisconsulte (1600-1683).
Il était fils de Charles Salvaing et de Charlotte d'Arces,
et il naquit au château de Vourey, près Moirans. Au
moment de la Révolution, le château du Boissieu, qui
domine une gorge profonde, fut vendu et morcelé; un
incendie considérable, en 1865, le dévasta. Depuis lors,
plusieurs propriétaires ont construit dans les cours et
sur ses ruines. Sur le portail d'entrée on lit gravée
sur pierre l'inscription latine suivante : *Veterum
decora alia parentum*, mais les armoiries qui devaient

être au-dessus n'existent plus. Pour les Salvaing de
Boissieu elles consistaient en un aigle à deux têtes et
une bordure d'azur semée de fleurs de lis. Aimon de
Salvaing, surnommé Tartarin, comme Bayart était
surnommé Piquet, fut compagnon d'Antoine d'Arces,
le Chevalier blanc ; Guillaume de Salvaing se distingua
à Céris-les.

Etait établie aussi à La Buissière la famille Pilat ou
Pilati, à laquelle appartenait Humbert Pilat, secrétaire ou notaire de l'héroïque dauphin Guigues VIII et
de Humbert II. Après la cession du Dauphiné, il fut
nommé, en 1363, prévôt de l'église de Saint-André de
Grenoble et auditeur des Comptes. Il avait constitué
un recueil des actes des Dauphins sous le titre de :
Memorabilia Humberti Pilati, dont il ne reste que des
fragments. Il mourut en 1373. Un chemin à La Buissière conserve le nom de Pilat, dont la famille a fini
en 1602, d'après Guy-Allard, avec Jacques Pilat, seigneur du Gayet.

C'est aussi à La Buissière qu'était la famille Coct,
dont l'un des membres, d'après Chorier, secourut le
dauphin Louis, rebelle contre son père, en lui prêtant
un cheval et un somme d'argent pour gagner la Savoie.
Devenu roi, Louis XI récompensa Coct en le nommant
trésorier du Dauphiné.

Un prêtre, à Paris, descendant d'une famille noble
de La Buissière, Pierre Baquelier, fit, en 1532, une
donation d'une maison qu'il possédait à Paris, rue des
Lavandières, pour y loger les Dauphinois qui y étu-
diaient, et il chargea le Parlement de Grenoble de
l'exécution de cette généreuse libéralité. Le nombre
de ces étudiants s'élevait à 40, dont 21 du diocèse de
Grenoble.

D'après Guy Allard, il y eut une famille très ancienne portant le nom de Buissière, qui s'éteignit sous François Ier, en la personne de Gabrielle de Buissière, amie de Claudine ou Louise de Bectoz, abbesse de Saint-Honorat de Tarascon. Ces deux religieuses étaient fort savantes dans les belles-lettres. L'abbesse, connue sous le nom de Scholastique, correspondait avec François Ier, qui se plaisait à montrer ses lettres à la Cour comme des modèles d'élégance et de bon goût. On ne peut juger de leur mérite littéraire aujourd'hui puisque, ainsi que le remarque le biographe Rochas, leurs ouvrages sont perdus.

La Buissière possède un territoire réputé pour la culture et par l'excellence de ses produits. Il est malheureusement exposé depuis plusieurs siècles aux dévastations de l'Isère à partir de la base de l'éminence qui porte le fort Barraux. En 1816, la rivière se répandit partout dans la plaine et emporta une grande partie des terrains. Deux négociants de Romans, MM. Hall et Charles, qui avaient acheté des domaines considérables dans la région bordant l'Isère, proposèrent aux syndicats des propriétaires de Barraux et de La Buissière, de construire des digue depuis le bac de La Gâche, remplacé quelques années après par un pont suspendu situé près de la gare du P.-L.-M. à Pontcharra, et ce, moyennant une subvention de 40,000 fr. et la concession des deux tiers des terrains qui seraient récupérés dans l'avenir. Un traité fut conclu, le 29 septembre 1818, et la construction des digues qui devaient avoir 4 kilomètres de longueur, fut commencée, et, dès 1821, on fit des travaux de canaux, chaussées, vannes, bàtardeaux, pour faciliter les atterrissements, et on planta aussi de grandes étendues en peupliers et

en vernes. Ces travaux réussirent tout d'abord et la
valeur d'un journal de terre (25 ares), ainsi retrouvé
et remis en culture, monta de 100 fr. à plus de 400 fr.
Malheureusement les digues avaient été construites
avec des mauvais matériaux et elles cédèrent sur plusieurs points aux corrosions de l'Isère. MM. Hall et
Charles tombèrent en faillite en 1831 et MM. Charles
Durand fils et Cie leur furent substitués.

En 1834, les digues avaient atteint leurs 4 kilomètres
de longueur. L'Etat qui était resté tout-à-fait étranger à
cette entreprise locale reconnut qu'elle avait sauvé la
plaine de Barraux et de La Buissière, la route nationale nº 90 de Grenoble à Chambéry, et donné une
utile impulsion aux communes situées en aval, qui,
en effet, se mirent à construire presque partout des
digues sur la rive gauche et sur la rive droite de
l'Isère. Mais dans les fortes crues de la rivière, son lit
s'exhausse constamment et des syndicats fonctionnent
partout pour faire face aux coûteuses dépenses d'en-
tretien des digues et des canaux d'assainissement.
C'est une lutte incessante dans la vallée du Graisivaudan où presque chaque année la dangereuse Isère
commet des dégâts importants à La Buissière, au
Touvet, à La Terrasse, à Crolles, etc. Une seconde
ligne de digues, en arrière de la première, s'imposera
certainement dans l'avenir, si l'on veut échapper à de
nouveaux désastres.

Pendant les travaux d'atterrissement de MM. Hall
et Charles, le territoire de La Buissière devint un pays
de cocagne pour les chasseurs qui y firent des héca-
tombes de canards, sarcelles, bécassines, poules d'eau,
râles, gringes, etc., et aussi pour les pêcheurs qui

remplissaient leurs filets de carpes, de brochets, de perches et de tanches.

Grâce à des souscriptions particulières, un pont, le seul qui existe en pierre entre Grenoble et Montmélian, a pu être construit sur l'Isère, et son péage a été récemment racheté. Il fait communiquer La Buissière et les communes voisines avec la ligne du chemin de fer P.-L.-M., de Grenoble à Chambéry, à la gare du Cheylas-La-Buissière.

Deux bons chemins montent à La Flachère et au Boissieu en traversant des vignobles renommés, surtout ceux des Capitaines et des Côtes, dont la reconstitution est recommencée à la suite de leur ruine totale produite par le phylloxéra.

A l'entrée du village de La Buissière, la route nationale se divise en deux ; l'ancienne traverse toutes les constructions du village et se dirige sur le fort Barraux devant lequel elle passe en le laissant sur la droite après avoir gravi la rude mais courte montée du Châtelard ; l'autre tronçon, qui date d'une quarantaine d'années, suit la plaine, dessert La Gâche au-dessous du fort, longe l'Isère et va rejoindre l'ancienne route avant d'entrer dans le bourg de Chapareillan.

Du hameau du Boissieu où passe le tramway, on peut accéder par un mauvais chemin de montagne aux hameaux des Prés et de Saint Georges, qui dépendent de la commune de Sainte-Marie-du-Mont. C'est un raccourci pour les piétons qui se rendent à la belle montagne pastorale de l'Alpe, qui est restée la propriété des communes qui formaient l'ancien mandement de La Buissière.

Propriétés à signaler : Camand, Raymond, Guillaudin, Blanchet, Soulon, Laguin, Papel, Dournon, Pugnet.

Barraux

Barraux, où se trouve le fort de ce nom, avait 1.338 habitants en 1866, et n'en compte plus que 1,158.

Son origine est ancienne. L'archéologue Greppo a signalé qu'on y avait trouvé des vestiges de bains romains, dont les conduites en plomb portaient l'inscription CAIVS LIBERTVS.

Du temps de saint Hugues (1080-1132), nous voyons l'église de Saint-Martin-de-Barraux figurer sous la désignation suivante : *Ecclesia sancti Martini de Barralibus*, avec 60 feux dans la paroisse. Elle faisait partie du décanat de Savoie. Il y avait un prieuré qui eut pour origine une donation faite par le seigneur Bermond, en 1018, à l'abbaye de Cluny, et passée en 1179 à l'abbaye de Saint-Chaffre (diocèse du Puy), de l'ordre de Saint-Benoît. A cette date, la bulle du pape Alexandre désigne ainsi l'église : *ecclesiam de Barralis*. Parmi les prieurs, nous retrouvons les noms des membres des familles de Briançon, Alarmet, Pilat, Charbonneau. Le prieuré a été vendu nationalement le 20 avril 1791, partie à la municipalité et partie à M. Louis de Maximy, 31 700 livres.

En 1291, le comte de Savoie, Amédée V le Grand, maître du château de Bellecombe, avait envahi la vallée du Graisivaudan, mais repoussé avec des pertes sérieuses du siège de la Terrasse, il brûla Barraux en se retirant.

Au-dessous du village, une éminence de terrain

commande la vallée de l'Isère et la route de la Savoie.
En 1597, Charles-Emmanuel de Savoie, alors maître du
pays, y fit construire, non pas un fort, mais une
redoute en terre avec des ravelins palissadés, termi-
née le 24 août et appelée pour cela fort Saint-Barthé-
lemy. La dépense s'en était élevée à 24,776 livres.
Comme Henri IV gourmandait Lesdiguières à ce sujet,
celui-ci lui répondit : « Votre Majesté a besoin d'une
forteresse pour tenir en bride celle de Montmélian,
puisque le duc veut en faire la dépense, il faut la lui
laisser faire. Dès que la place sera suffisamment
pourvue de canons et de munitions, je me charge de la
prendre, » Il tint parole. Après avoir fait examiner
la redoute par les capitaines Tamin et Brunet qui
trouvèrent un point faible, une escalade à l'aide
d'échelles fut résolue. Mais, pour détourner l'attention
de l'ennemi, Lesdiguières simule une entrée en campagne de côté opposé, et pendant ce temps, ses hommes traversent l'Isère à Lumbin où arrive une barque
amenant des échelles de Grenoble, le 14 mars 1598.
On se dirige sur la Buissière, et, dans la nuit du
17 mars, on applique des pétards aux portes et on escalade le fort. Les assiégés surpris succombent et leur
chef Bellegarde se rend. Lesdiguières trouva dans le
fort neuf pièces d'artillerie, des munitions et des appro-
visionnements de blé. Mme Louise Drevet a écrit sur
ce fait d'armes un fort intéressant volume intitulé : *Le
Dogue de Lesdiguières*, qui contient une description
très complète du pays. Le fort actuel a été construit
plus tard suivant les règles tracées par Vauban, et il
a eu une certaine importance jusqu'au moment de
l'annexion de la Savoie. On y entretient encore une
compagnie d'infanterie.

Dans le commencement de l'année 1628, le maréchal de Créqui, gendre et successeur de Lesdiguières, fit enfermer dans le fort, sa belle-mère, Marie Vignon, veuve de Lesdiguières, sous le faux prétexte de conspiration avec le duc Savoie, mais en réalité pour tenter de s'emparer de sa fortune. La duchesse ne fut relâchée que grâce à l'intervention de Louis XIII, à son passage à Grenoble, en février 1629. En 1708, le duc de Savoie n'osa attaquer le maréchal de Villars établi à Barraux. Le célèbre Barnave y fut détenu avant d'être conduit à Paris où il fut condamné à mort dans les derniers jours de novembre 1793 et exécuté. Le général Montesquiou y eut son quartier général le 20 septembre 1792, et le 24, il faisait une entrée triomphale dans la ville de Chambéry.

Plusieurs officiers ayant fait brillamment les campagnes du Premier empire, ont pris leur retraite à Barraux, notamment le commandant d'artillerie Berthier et Merme, chasseur à cheval de la garde, décoré de la Légion d'honneur, qui a laissé un petit récit de ses campagnes. Barraux a fourni sous le Second empire un très grand nombre de jeunes gens engagés et parvenus aux grades d'officiers dans les guerres d'Algérie, de Crimée, d'Italie et du Mexique. Le goût de la carrière militaire n'a nulle part été plus en honneur que dans cette commune dont les habitants, hommes, femmes et enfants combattirent les Autrichiens en 1814, près du Cernon, en février. Ce fait d'armes a aussi été relaté dans un de ses ouvrages par Mme Louise Drevet, sous le titre *Bobila*, 1814 ! (Le père de cet auteur, M. Louis Chafanel, qui était né à la Cuiller-de-Barraux en 1800, fut un des combattants).

Le fort ne fut ouvert que le 26 avril, sur ordre et après l'entrée de l'ennemi à Grenoble.

Au hameau du **Fayet** il y avait autrefois une famille de Cassard qui possédait un domaine et une grosse tour d'où « l'on découvrait, dit Fr. Duchesne, dans son *Histoire des Cardinaux*, toutes les beautés de la campagne ». Un de ses membres, François de Cassard, archevêque de Tours, fut nommé cardinal, en 1227, par le pape Grégoire IX, et la tour où il naquit porta, depuis lors, le nom de « Tour du Cardinal ». C'était un homme d'une grande science, docteur en droit civil et en droit canon. Il mourut d'une chûte de cheval à Lyon, en 1237, et fut enterré dans la chapelle des Jacobins de Notre-Dame de Confort. Il légua tous ses livres à son neveu Bragadan Cassard, avec 600 écus, une mule et deux chevaux blancs. Parmi ses autres légataires figure son chapelain Anthoine Baquelier, originaire de La Buissière, qui reçut une mule, un cheval et 55 écus. La famille de Cassard portait d'azur à la licorne passante d'argent, et nous avons signalé à La Buissière une pierre sur laquelle cette armoirie est sculptée. Citons encore dans cette famille : Alexandre, qui fut, en 1562, lieutenant du baron des Adrets, et Etienne, mort vers 1675, « celui des Français, dit Guy-Allard, qui a mieux su prendre le tour des Italiens pour bien faire des vers en leur langue ». Le fief du Fayet appartint aussi aux nobles Rode, de La Buissière, dont deux membres : Pierre et Jean, combattirent à Fornoue (1495). Le 6 février 1543, Pierre Rode vendit le Fayet à Arthaud de Maniquet, écuyer, capitaine d'Avallon, qui eut pour fils Hector de Maniquet, maitre-d'hôtel ordinaire de Marguerite de Valois, sœur de Charles IX, et, plus tard, femme d'Henri IV. Ce fut à Hector de Mani-

quet que le roi Charles IX confia sa maitresse, Marie
Touchet, qui fut conduite au Fayet, où elle accoucha,
dans la tour du Cardinal, le 28 avril 1573, d'un fils na-
turel, Charles de Valois. Grâce aux libéralités du roi,
Hector fit construire avec les pierres du donjon delphinal de la Buissière un château sur l'emplacement
de l'ancienne tour du Cardinal. Il fut même chargé par
le roi d'une mission auprès des princes allemands, et
M. de Gallier a écrit sur ce sujet un mémoire intéressant, inséré dans le « Bulletin de la Société d'archéolo-
gie de la Drôme » (1866). Une descendante de la famille
de Maniquet était mariée avec S.-C. de Fréderne de
Modane, ingénieur pour le roi au fort de Barraux, en
1732. Les Maniquet portaient d'azur à trois demi-vols
d'argent, et « ces ailes dans la langue symbolique du
blason, dit M. de Gallier. semblent rappeler l'essor
inespéré de la fortune d'Hector ».

Quant à Charles de Valois, né au Fayet, il devint
successivement chevalier de Malte, grand Prieur de
France, comte d'Auvergne, et il épousa, en 1591, Charlotte de Montmorency. Sous Henri IV, il fut mêlé aux
intrigues de sa sœur Henriette, marquise de Verneuil,
maitresse de ce roi, et fille légitime de Balzac d'En-
traigues et de Marie Touchet. Condamné à mort en
1606, il fut gracié, mais retenu prisonnier jusqu'en
1616. Enfin, Louis XIII le nomma duc d'Angoulême
en 1619, et l'employa dans l'armée.

Depuis la Révolution, le château du Fayet a passé
successivement dans les mains du marquis Planelli
de la Valette, de M. Champel et de plusieurs autres
propriétaires qui ne l'ont pas entretenu, et il se trouve
en très mauvais état à l'intérieur. M. Rivet. député de
l'Isère, vient d'en faire l'acquisition.

Les hameaux de la Cuiller et de la Fourchette sont placés dans un paysage champêtre des plus agréables. Le ruisseau du Furet alimentait déjà, en 1330, des moulins et battoirs albergés à Chabert des Granges, par le châtelain de la Buissière. Dans la montagne se trouve le hameau de Saint-Marcel, et, sur le bord de l'Isère, celui de la Gâche, près du pont suspendu et de la gare de Pontcharra sur le chemin de fer P.-L.-M.

Barraux était d'un accès long et pénible depuis Grenoble. Aussi l'établissement du tramway lui est-il d'un prix inestimable. Du temps des anciennes postes, en 1775, il y avait un bureau où le courrier arrivait le dimanche et le mercredi, et en repartait le dimanche et le jeudi.

Propriétés à signaler : de Maximy, Bravet, Thouvard, Dalberto, Rivet, Vacher, Bertholus.

Chapareillan

Chapareillan est la plus grande commune du canton du Touvet. Sa population, qui était, en 1866, de 2,333 habitants, s'élève encore à 2,179, répartis entre les nombreux hameaux de Cernon, du Villars, de la Ville, de Létra, de Clessant, de Saint-Martin, de la Palud, de Bellecombe et de Bellecombette, à gauche de la route nationale, et de Hauterives, des Blards et des Truchons, à droite.

Sans doute un village existait à l'époque romaine, comme ceux que nous avons décrits, mais c'est sans preuve qu'on attribue le nom de Chapareillan à l'existence d'un camp de l'empereur Aurélien, *campus Aureliani*.

Dans les titres du temps de saint Hugues (1080-1132), nous trouvons ce nom sous les formes suivantes : *Campania Riolenda, Campania Rielent, Campania Riolentis.* Quant au Pouillé de 1497, il l'énonce ainsi : *Ecclesia Beate Marie de Chappenrilhaico,* et y compte 60 feux. L'église faisait partie du décanat de la Savoie, ainsi que celle de Saint-Blaise à Bellecombe, où il y avait 40 feux.

Le château-fort de Bellecombe était dans une position superbe et était considéré comme la clef du Dauphiné, aussi les Dauphinois et les Savoyards se le sont-ils fréquemment disputé.

Guy Allard nous apprend qu'il a dressé l'état généalogique d'une très ancienne famille de Bellecombe depuis l'an 1140, à laquelle succéda celle de Briançon, représentée par Aimeric de Briançon, qui, en 1286, pressé par le comte de Savoie, lui rendit hommage. A cette nouvelle, ajoute Valbonnais, le dauphin Humbert Ier ne voulant pas laisser s'effectuer un pareil empiètement sur ses frontières, entre en négociations avec Aimeric et lui donne, en 1289, en échange de la terre et du Château-fort de Bellecombe, la terre de Varces, près de Grenoble. Mais, en 1291, le comte Amé½e V le Grand, s'empare du château de Bellecombe et, pénétrant dans la vallée, vient mettre le siège devant la Terrasse. Repoussé, il bat en retraite, incendie Barraux, et subit de grosses pertes, dit Aymar du Rivail, dans une embuscade qui lui fut dressée dans le bois de Silvette, en sortant de Barraux.

Crozet cite une reconnaissance du 27 juin 1402, par laquelle les consuls et députés du mandement de Bellecombe déclarent qu'ils ont pour seul seigneur le Dauphin, qui, de son côté, reconnut aux habitants de ce mandement le droit de chasser les ours, les cerfs, les biches et les chamois à la charge par eux de lui en donner une portion.

En 1436, un plan fut dressé par Mathieu Thomassin, commissaire délégué, pour fixer les limites entre le Dauphiné et la Savoie, et sur la gauche on y voit le château de Bellecombe avec trois tours, deux rondes et une carrée. C'était bien là une de ces maisons fortes si répandues dans la région, à Apremont, aux Marches, qui subirent tant d'assauts et dont les ruines elles-mêmes ont disparu.

Ce château si bien placé donnait une grande importance à Bellecombe qui fut un chef-lieu de mandement. Il s'y trouvait une commanderie de l'ordre de Malte et plusieurs membres de familles nobles ont porté le titre de commandeurs de Bellecombe.

La terre de Bellecombe suivit le sort de celle de la Buissière que nous avons indiqué ci-dessus, c'est-à-dire qu'elle fut vendue par le roi François Ier à Gilbert Coyffier, qui subrogea dans son acquisition Artus Prunier, trésorier général des Finances du Dauphiné, en 1546. Sous Louis XV, le Domaine la fit mettre en vente, mais elle finit par rentrer aux mains de Nicolas Prunier de Saint-André, marquis de Virieu. A la Révolution, elle fut adjugée parmi les biens des émigrés.

Pendant les guerres nombreuses que se firent les Dauphinois et les Savoyards, au moyen-âge, on retrouve très fréquemment, ainsi que nous l'avons vu, le nom de Bellecombe, à cause de sa situation sur les frontières des deux pays rivaux.

Les luttes entre les Dauphins et les comtes de Savoie durèrent fort longtemps, une quarantaine d'années, et l'historien Chorier dit que les sujets de l'un et de l'autre Etat, dans l'obstination de leurs princes, ont vu quelques beaux jours et n'ont point eu de belle saison entière. Elles ne se terminèrent que peu d'années avant la cession du Dauphiné à la France, par un traité de paix passé le 7 mai 1334, dans les prés, à côté du pont du Glandon, entre Chapareillan et Montmélian, *in pratis juxta pontem aquæ Glandonis intra Chaparellient et Montem Melianum*. Dans ce traité que Valbonnais a publié, les représentants du comte de Savoie furent Antoine de Clermont et Philippe de Provanne, et ceux du Dauphin, Humbert de Choulay et Amblard de Beaumont, en présence de divers autres personnages, parmi lesquels figure Humbert Pilat de la Buissière.

Le Glandon formait, avant l'annexion de la Savoie, la frontière, et il sert de limite entre les départements de l'Isère et de la Savoie. Avant cette époque, il y avait de nombreux douaniers pour empêcher, souvent sans succès, une très active contrebande de bétail et de marchandises.

Toute cette région a été témoin des attaques contre Montmélian, sous François Ier, Henri IV, Louis XIII et Louis XIV. Le 14 juin 1690, la Savoie signa un acte à Chapareillan, par lequel elle s'engagea à payer une indemnité de guerre ; quant à la forteresse de Montmélian, elle fut détruite en 1705. Ce fut aussi à Chapareillan que le général de Montesquiou fit prêter à ses bataillons le serment de respecter comme des frères les habitants de la Savoie, qui l'accueillirent avec enthousiasme, le 24 septembre 1792, à Chambéry.

Une église nouvelle, en construction, près de la gare de Chapareillan, présente un aspect imposant. La contrée environnante est très belle et très fertile. Le Cernon est un ruisseau d'un volume d'eau important, utilisé pour l'éclairage électrique et diverses usines et moulins. Dans le commencement du XIVe siècle, les moulins du Dauphin sur le Cernon furent albergés à Pierre de l'Isle, de Barraux, sous une cense annuelle de froment et d'avoine.

Chapareillan est un centre d'excursions très variées. L'ascension du Granier (1,938 mètres) est classique dans le monde des alpinistes. Du sommet on a une vue incomparable sur les Alpes, sur la Savoie et sur le massif de la Chartreuse. On peut de là se rendre à Entremont ou regagner l'Alpe et Sainte-Marie-du-Mont.

Sans aller aussi haut, il y a des courses charmantes à faire, à Bellecombe, aux Marches et à Myans. On a donné le nom d'Abymes de Myans à un vaste éboulement tombé du Granier, le 24 novembre 1248, et qui engloutit la ville de Saint-André, siège du décanat de Savoie, dépendant de l'évêché de Grenoble et supprimé seulement au moment de la création de l'évêché de Chambéry en 1779. On voit encore les traces de cette formidable avalanche dans des creux de terrain, de petites mares et d'énormes blocs de pierre. Les vignes y produisent un vin blanc apprécié et qui sert aussi à fabriquer le vermouth de Chambéry.

Voici ce que nous lisons, sur ce terrible événement, dans une délibération du Conseil municipal de Chapareillan du 14 février 1866, à l'occasion d'un procès sur la propriété des Abymes : « Le 24 novembre 1248, à 10 heures du soir, une masse énorme du majestueux rocher du Granier croula en avalanches formidables sur le territoire de Chapareillan et des Marches. Les blocs gigantesques roulant sur une pente rapide vinrent, en semant l'épouvante et la terreur, s'amonceler dans la plaine. Le désastre fut immense. La petite ville de Saint-André, le riche prieuré d'Entremont et cinq paroisses furent ensevelies sans laisser aucune trace extérieure de leur existence ; cinq mille personnes périrent dans cet affreux cataclysme. »

Les habitants du mandement de Bellecombe tentèrent de remettre en culture une partie de ce formidable éboulement et sollicitèrent un albergement qui leur fût accordé par Jacques, seigneur de Montmaur, gouverneur du Dauphiné, le 16 janvier 1393, au nom du Dauphin. Il résulte de cet acte, écrit en latin, que le Dauphin céda aux habitants du mandement et à ceux qui viendraient y habiter, les Abymes en albergement perpétuel, moyennant une cense annuelle de dix deniers par chaque personne faisant feu.

Telle fut l'origine de la remise en culture d'une partie des Abymes dont une portion passa à la Savoie en 1760 et dont on fit un cadastre en 1762 et 1763.

Comme les débris de l'éboulement s'arrêtèrent au pied d'une chapelle consacrée à la Vierge à Myans, ce sanctuaire devint l'objet d'un pèlerinage pour les populations voisines. Les seigneurs de Montmayeur y fondèrent un couvent en 1458. Le pèlerinage a lieu principalement le 8 septembre, jour où l'Eglise célèbre la Nativité de la Vierge. Myans est une petite commune du département de la Savoie (400 habitants), située près de la gare de Chignin-les-Marches, sur la ligne du chemin de fer de Grenoble à Chambéry.

Propriétés à signaler : Arragon, Uchet, Bravet, Léon, Coutavoz, Charpenay, de Pisançon.

Les Anciens et les Alpes

Nos belles vallées dauphinoises, nos superbes montagnes, sont enfin connues, parcourues et célébrées depuis quelques années. Sans doute, la difficulté des voyages, l'insuffisance des moyens de transports, les exigences d'une civilisation raffinée, le manque de publicité ont contribué pendant longtemps à éloigner les visiteurs des régions alpestres, mais le moment n'était pas venu : il fallait attendre l'éclosion d'un sentiment tout moderne, ignoré des Anciens, l'amour de la montagne.

Parmi les grandes choses que la domination romaine a créées sur le territoire de la Gaule, figurent les routes destinées à mettre en communication Rome avec les provinces. Le mouvement des armées, les relations commerciales, le service des postes, les voyages, ont fait une nécessité pour le conquérant de transformer les chemins celtiques primitifs, d'ouvrir des voies nouvelles et de donner la sécurité, sur terre comme sur mer, aux sujets de ce vaste empire. Nulle part les difficultés n'ont été plus considérables à vaincre, pour arriver à ce résultat, que dans les Alpes. Si nous nous reportons par la pensée dans ces antiques époques où cette région était encore inexplorée, inconnue même, les expéditions d'Annibal et de César nous paraîtront, ainsi qu'aux Romains, de véritables prodiges. Prodiges renouvelés au commencement de ce siècle par Napoléon qui a franchi les Alpes comme Annibal et qui les a dotées de routes comme les Césars.

Sous l'Empire romain, trois des principaux cols des Alpes, le grand Saint-Bernard, le petit Saint-Bernard et le mont Genèvre furent traversés par des voies que les *itinéraires* et les documents latins nous font connaître avec leurs embranchements secondaires et avec leurs principales stations. Pendant les cinq siècles de l'administration impériale, les routes n'ont cessé d'être entretenues et améliorées par un service analogue à celui des ponts et chaussées, ayant à sa tète un *Præfectus fabrum*, préfet des ouvriers, ainsi que le constatent de nombreuses inscriptions. Ces chemins par lesquels tout l'ancien monde avait été rendu accessible, *pervius orbis*, ont été l'objet des savants travaux de MM. Bergier, Walckenaer, Antonin Macé, Léon Renier, Ernest Desjardins, Alexandre Bertrand, Allmer, Florian Vallentin, Lenthéric, etc. Il est donc bien établi que les Romains ont fréquemment et pendant plusieurs siècles gravi les Alpes. Quelles impressions les Anciens ont-ils donc ressenties dans nos montagnes?

Je vais les indiquer très sommairement.

Les écrivains grecs et latins considéraient la chaine imposante des Alpes, auxquelles ils attribuaient une hauteur tout à fait exagérée, comme le rempart, la citadelle, l'acropole de l'Italie. Dans une merveilleuse description, Napoléon a dit mieux encore : « Vues de près, elles se présentent comme des géants de glace placés pour défendre l'entrée de cette belle contrée. » Ils ont dépeint les passages des Alpes sous les cou-

leurs les plus sombres : les routes étroites sont bordées
de précipices qui donnent le vertige aux piétons et
même aux bêtes de somme ; les éboulements, les avalanches, sont sans cesse à redouter ; les neiges semblent se confondre avec le ciel ; on ne voit que de mi-
sérables cabanes suspendues aux pointes des rochers ;
le bétail et les chevaux sont rabougris par le froid ;
les hommes portent de longs cheveux et sont presque
sauvages ; les êtres animés et inanimés sont paralysés
par la glace (Polybe, Tite-Live, Strabon, Ammien Marcellin). Pour les poètes eux-mêmes, ce n'est partout
que neiges, glaces, jamais de printemps, jamais d'été
avec ses magnificences, éternellement le hideux hiver.
(Lucain, Silius Italicus, Claudien). On chercherait vai-
nement dans la littérature grecque et latine une impres-
sion différente sur les Alpes. Et cependant on sait que
les Grecs et les Romains avaient un sentiment profond,
bien plus, religieux, pour la nature. Une pléiade incomparable de poètes dont les vers sont dans toutes
les mémoires, nous a légué de la vie champêtre, des
grands spectacles de la nature, des tableaux si enchan-
teurs qu'ils font encore, après tant de siècles, les dé-
lices de nos âmes et, pour beaucoup, la consolation
de la vie. Dans leurs vers immortels, la nature se
trouve non seulement merveilleusement célébrée,
mais animée, déifiée. C'est là le trait caractéristique
du sentiment hellénique, transmis à Rome, sentiment
qui a fait éclore tant de chefs-d'œuvre dans les arts.
Mais, si nous recherchons quel genre de paysage les
anciens préféraient, nous constaterons bien vite que
c'étaient les bords de la mer, les sites gracieux, les
plaines riches, couvertes d'épis dorés, les ruisseaux,
les vallons, les collines, tout ce qui était calme, serein,

doucement tempéré et doté d'une vue large et belle.
Quant aux forêts sombres, aux grands fleuves, aux
altières montagnes, c'était le séjour réservé aux divi-
nités. Escalader des sommets rapprochés du ciel,
c'était outrager les dieux dans leur demeure et s'expo-
ser à être foudroyés comme les Titans. Aussi, quand
les anciens décrivent la marche audacieuse des armées
dans les Alpes, ils nous représentent le soldat comme
irrésolu, osant à peine avancer, redoutant par-dessus
tout de porter ses armes sur un sol sacré dans l'uni-
vers.

Impia ceu sacros in fines arma per orbem

Les Romains en passant le Grand Saint-Bernard dé-
posaient des plaques votives dans le temple de Jupiter
Pœninus pour implorer son secours à l'aller et au retour, *pro itu et reditu.*

Ainsi les Alpes étaient sacrées, on ne les franchis-
sait qu'avec terreur, et, de ceux qui les habitaient,
Horace a dit qu'ils n'éprouvaient point la crainte de la
mort, *non paventis funera Galliæ.*

Même, lorsque les voies furent ouvertes, le pays pa-
cifié, les croyances aux dieux ébranlées, les impressions des Romains persistèrent et nos montagnes n'attirèrent ni les gens de lettres, ni les artistes, ni les
touristes. Et cependant les Romains aimaient beaucoup
les voyages. Pline n'a-t-il pas dit de la nature humaine
qu'elle était avide de nouveautés et de pérégrinations,
mais leur villégiature se passait en Italie et en Sicile,
et leurs excursions avaient lieu en Grèce, en Asie Mi-
neure et en Egypte. On peut affirmer, qu'en réalité, les
anciens n'ont pas connu les Alpes, et, par conséquent,

ils ne les ont pas aimées. Sans doute, ils les ont tra-
versées, mais, semblables en cela à bon nombre de
voyageurs modernes qui les franchissent à la vapeur
par les voies ferrées du Mont Cenis et du St-Gothard ;
ils n'ont ressenti que des impressions défavorables,
dues principalement à la crainte des dangers du
voyage. Les superstitions des routes périlleuses, un
climat redouté, et enfin, un sentiment tout différent de
la nature, ont écarté les anciens de nos montagnes.

Au surplus, l'admiration et la contemplation des
beautés de la région alpestre sont fort récentes. J.-J.
Rousseau a célébré un des premiers les sites sauvages
et romantiques. Avec lui et depuis lui, nous assistons
à une véritable transformation du sentiment de la nature. Suivant ses expressions : « Sur les hautes montagnes, les méditations prennent un caractère grand,
sublime. » C'est qu'en effet, le monde s'est à la fois
élargi et élevé. Sous la double impulsion de la religion
d'abord, et de la science ensuite, qui nous révèle
chaque jour ce qui était resté caché aux yeux des anciens, nous sommes enfin parvenus à concevoir une
tout autre idée de la nature et de son Créateur.

Nous ne saurions donc faire un reproche aux Grecs
et aux Romains de n'avoir pas parlé des Alpes comme
elles le méritent. Ils n'auront du moins pas tout dit, et
la place sera grande pour les Rousseau, les Haller, les
de Saussure, les Schiller, les Gœthe, les Byron, les
Lamartine, les Michelet, les Humboldt, les Tschudi,
les Berlioz. Et quoique les anciens n'aient pas chanté
nos chères montagnes, nous devons nous rappeler
toujours ce jugement si juste et si éloquent d'Atticus,
l'ami de Cicéron : « Dans tout ce qui tend à reposer
l'âme et à lui procurer de suprêmes jouissances, le

grand maître, c'est la nature, *natura dominatur.* » C'est en elle que l'esprit humain progresse, se fortifie, se vivifie, et, dans la longue durée des âges, la nature seule reste éternellement jeune et belle, triomphante au sortir de l'hiver.

TABLE DES MATIÈRES

OUVRAGES SUR LE GRAISIVAUDAN

LES NOUVELLES

ET

LÉGENDES DAUPHINOISES

Près de **soixante** *ouvrages* divers actuellement publiés constituent un véritable **Monument Littéraire** élevé pour la glorification du Dauphiné.

Cette œuvre a puissamment contribué à

Faire connaître

aux Français les Alpes françaises,

aux Etrangers les beautés de la France.

Les intéressants volumes de cette collection, dont plusieurs ont été distingués par l'**Académie Française** comme ouvrages **utiles aux mœurs**, sont admis dans les Bibliothèques publiques par l'Administration, qui les honore de souscriptions fréquentes.

Une **haute sanction** a été donnée à l'utilité de ces ouvrages essentiellement **moraux** et **patriotiques** quand M. le Président de la République, lors de son voyage dans les Alpes, a daigné remettre lui-même à **Mᵐᵉ Louise DREVET**, auteur des *Nouvelles et Légendes Dauphinoises*, la rosette, rarement décernée à une femme en dehors de l'enseignement, d'**Officier de l'Instruction Publique**.

BIBLIOTHÈQUE HISTORIQUE DU DAUPHINÉ

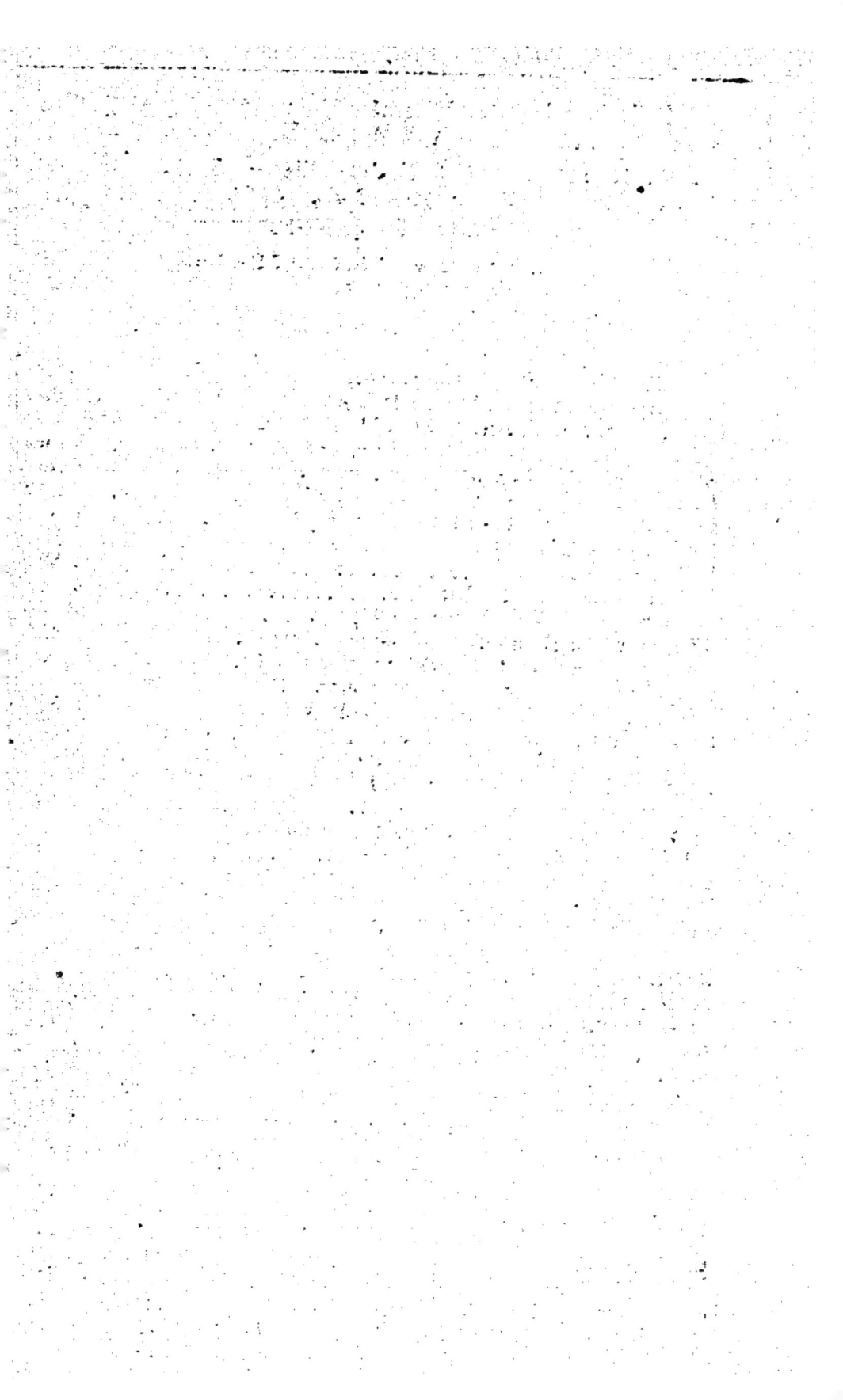

www.ingramcontent.com/pod-product-compliance
Lightning Source LLC
Chambersburg PA
CBHW051723090426
42738CB00010B/2063